SHULI JINGJIXUE

数理经济学

李 勇 编著

SWUFEP 西南财经大学出版社

图书在版编目(CIP)数据

数理经济学/李勇编著 .—成都:西南财经大学出版社,2013. 7
(2020. 9 重印)
ISBN 978-7-5504-1097-8

Ⅰ. ①数…　Ⅱ. ①李…　Ⅲ. ①数理经济学　Ⅳ. ①F224. 0

中国版本图书馆 CIP 数据核字(2013)第 141969 号

数理经济学

李　勇　编著

责任编辑:冯　梅

封面设计:墨创文化

责任印制:朱曼丽

出版发行	西南财经大学出版社(四川省成都市光华村街 55 号)
网　　址	http://www. bookcj. com
电子邮件	bookcj@ foxmail. com
邮政编码	610074
电　　话	028-87353785
照　　排	四川胜翔数码印务设计有限公司
印　　刷	郫县犀浦印刷厂
成品尺寸	185mm×260mm
印　　张	9
字　　数	205 千字
版　　次	2013 年 7 月第 1 版
印　　次	2020 年 9 月第 2 次印刷
印　　数	2001— 2500 册
书　　号	ISBN 978-7-5504-1097-8
定　　价	25. 00 元

前 言

数理经济学无论作为经济学的一个分支学科，还是作为数学在经济学中的应用分支，在当今知识领域中都有极其重要的地位和作用，这一点已经成为共识。对于学习经济学的学生，要想真正弄懂当今经济学的内涵，数学已成为不可逾越的学科知识；作为数学或理学专业学生，希望了解本专业的知识对社会经济的影响，最佳的途径就是从数理经济学这门学科入手。尽管如此，但数理经济学在一般本科院校受重视度并不太高。究其原因，可能涉及数学知识的难度是一个重要障碍。尽管国内外出现了不少优秀的数理经济学教材和专著，但真正适合于一般本科学生的还是很少（蒋中一教授的著作是其中较优秀的作品之一）。为此，笔者在多年从事本科数理经济学的教学研究基础上，借助各位专家学者的成果，编撰本书。

本书的特点主要体现在：首先，利用的数学工具主要是微积分和线性代数，并以数学思想贯穿其中；其次，尽量展现数理经济学当代的一些成果，使得读者对数理经济学有一个较为完整的了解；最后，兼顾了以数学为纲和经济学理论相对完整性的知识结构安排。

本书的主要内容分为六章，其中：

第一章包括数理经济学简史和数理经济学的基本概念和内容。

第二章包括微分学基本思想、供求原理、消费选择理论、厂商理论和市场理论。

第三章包括线性代数基本思想，局部和一般市场均衡分析，列昂惕夫投入—产出模型分析和金融投资决策模型简介。

第四章包括非目标均衡比较静态分析，约束优化理论和具有等式约束条件下的优化理论。

第五章包括积分学基本思想，积分学与动态经济学和微分（差分）方程与动态经济学。

第六章包括数学规划与具有不等式约束条件下的现代优化理论和动态最优化理论。

本书在编写过程中，汲取了众多学者的精华，承蒙多位同行专家学者的教诲。在此，表示深深的敬意。在编写过程中，得到冯梅编辑、邓克虎老师和薛琴老师等的帮助，以及西南财经大学出版社的大力支持，借此表示诚挚的谢意。最后，感谢我的亲友和学生们，感谢他们的无私奉献，尤其是我的儿子，正值高三，我却忙于撰写书稿而忽略了他，在此对他表示深深的歉意。

由于笔者的水平有限，加之时间仓促，书中难免有不尽如人意之处，恳请专家和读者不吝赐教。

编者

2013 年 2 月于重庆工商大学翠湖

目录

第一章　数理经济学的概论

第一节　数理经济学简史

数理经济学作为一个独立的学科，目前大家公认的标志是法国数学家、经济学家奥古斯丁·古诺(Augustin Cournot,1801—1877)于1838年发表的《财富理论的数学原理研究》。若要将数理经济学的发展用一些标志性的著作作为分水岭，笔者认为可以与古诺的《研究》媲美的是保罗·萨缪尔森(Paul Samuelson,1915—2009)的《经济分析基础》(1947)。因为该书完成了古诺的牛顿极大化微积分方法与瓦尔拉斯一般均衡方程组的一种整合，尽管没有完全解决一般均衡理论的严格证明，但该书及其历史时期都起到了承上启下的作用。由此将数理经济学发展分为三个主要时期：数理经济学前史(1838年以前)；古诺开拓的主要以微积分为基础的边际主义时期(1838—1947)；集合论等数学理论全面融入经济学时期(1947年以后)。

一、数理经济学前史(1838年以前)

关于数理经济学的第一位先驱者是谁，业界有不同的说法。

第一种观点是：我国学者苏通在《数学在西方经济学中的历史应用》中说，威廉·配第(1628—1687)的《政治算术》(完成于1671—1676年间，出版于1690年)和约翰·格朗特(1620—1674)的《对死亡表的自然观察和政治观察》(1662)构成了西方经济学史上应用数学工具作为分析手段的第一个里程碑。尤其是威廉·配第的《政治算术》更强调的是数学的计算。因此，威廉·配第可被视为经济学系统运用数学方法的先驱。

第二种观点是：斯坦利·杰文斯在他的名著《政治经济学理论》中制订"数理经济学书目"时，首先提出最早的一位数理经济学者是意大利人塞瓦(Ceva)。美国的欧文·费希尔(Irving Fisher,1867—1947)在《古诺与数理经济学》(1898)一文中写道："塞瓦享有将数学方法首先用于经济问题的盛誉"。狄奥·查理斯(D. Theocharis)在《数理经济学早期发展》(Early Developments in Mathematical Economics)(1961,1983)中说：亚里士多德之后，将数学应用到经济问题中的第一次，确凿无疑的尝试是由塞瓦1711年在曼图亚发表的《论货币，只限于在几何学上加以论述》中作出的。这个塞瓦是何许人呢?他是意大利的一位工程师，他在经济学方面的成就首先是对新方法的鼓吹，他在1711年的著作的献词中指出：商业是如此伟大和复杂，以至于对它的探究，除了使用几何将别无他法。这是一个非同一般的看法，因为反对在经济学中使用数学的人，一般都会借口经济现象过于复杂，因此无法使用数学。约瑟夫·熊彼特(*Joseph Schumpeter*,1883—1950)在其名著《经济分析史》中对他的评价是："没有哪一部经济分析史可以不提他，因为他对经济理论的深刻理解；他认为真实现象最是模糊不清的，复杂得令人难以驾驭，实践活动也总是缺乏严密性，因而要理解事物的本质，就得借助于假设建立理性的模型；否则我们就必然总是在茫茫的黑夜中摸索；处理这种模型最好是用数学方法；这种方法论两百年后才被人们接受。"尽管塞瓦在具体问题上取得的成就非常有限，但因为他明确地倡导了数理经济学方法，并实际做出了尝试，塞瓦可以算做数理经济学的先行者。

第三种观点是：约瑟夫·熊彼特等认为，最先运用数理经济学方法的人是丹尼尔·伯努利（1700—1782）。丹尼尔·伯努利是瑞士著名的伯努利数学家族中最杰出者之一。他在数学、物理和医学方面都作出了卓越的贡献，并被后世推崇为数学物理方法的创始人。他因为在 1738 年解决了圣彼得堡悖论问题，而成为在古诺之前，对后世最具影响力的数理经济学家。

圣彼得堡问题最早的表述等价于：彼特连续投掷一枚硬币直到正面出现，如果第一次就出现正面，他付给保罗 1 美元；如果第二次才掷出现正面，他付 2 美元；第三次掷出付 4 美元；第四次掷出付 8 美元；第 n 次掷出付 2^{n-1} 美元 …… 问：保罗最多应该付多少钱来参与这个赌局？

根据传统的概率论，保罗能够赢到钱的数学期望是：

$$1+\frac{1}{2}+2\times\frac{1}{4}+2^2\times\frac{1}{2^3}+\cdots+2^{n-1}\times\frac{1}{2^n}+\cdots=0.5+0.5+\cdots=\infty$$

但经验告诉我们，保罗愿意为这一赌局支付的价码是十分有限的数字。理论和经验的冲突导致了悖论的出现。

圣彼得堡悖论实质上是关于赌博这一商品的定价问题。

二、古诺开拓的主要以微积分为基础的边际主义时期（1838—1947）

数理经济学的真正诞生，是以奥古斯丁·古诺在 1838 年发表《财富理论的数学原理研究》一书为标志。正如美籍法裔经济学家和数学家德布罗（1921—）在他获得 1983 年的诺贝尔经济奖讲演中所说：

"如果要对数理经济学的诞生选择一个象征性的日子，我们这一行会以罕见的一致意见选定 1838 年 …… 古诺是作为第一个建立阐明经济现象的数学模型的缔造者而著称于世的。"

古诺作为法国数学家拉普拉斯（1749—1827）和泊松（1781—1840）的优秀的数学弟子，以概率论研究开始其学术生涯。在他发表的《财富理论的数学原理研究》（1838）经济学著作中，充斥了数学符号。他首先引进了需求函数，把需求作为价格的函数，记为 $d=f(P)$，其中，d 表示市场需求，P 表示市场价格。以此作为整个研究的基础，这是数理经济学历史中关键的一步，也是古诺最突出的贡献。这对于今天的经济专业学生来说，是太自然不过的事。但是在 100 多年前的古诺时代，经济学家们完全不能容忍这种离经叛道的"胡言乱语"。权威们的反对迫使古诺对经济学沉默了 25 年。1863 年古诺用通俗的语言重写他的著作，取名《财富理论的原理》，尽量回避了"数学"与"研究"等字眼。但是数学家的严谨思维方法仍然使这本著作在经济学界遭到了 40 年的冷遇，而古诺的历史地位直到他去世80年以后才被充分肯定。

古诺的著作得以新生，主要得益于勒翁·瓦尔拉斯(1834—1910)、杰文斯(1835—1888)和博卡杜。首先，法国著名经济学家勒翁·瓦尔拉斯是与古诺同年、同窗、几乎同名但不同姓的至交法国经济学家安东尼·奥古斯待·瓦尔拉斯(1801—1866)的儿子。老瓦尔拉斯由于其言行的不合时宜，终生未能获得经济学教席。他对经济学界的最大贡献就是他培养出了一个儿子。小瓦尔拉斯学过工程，写过小说，到了1858年才听从父教，决心献身于经济学。但他在法国与他父亲的遭遇一样，未能获得教席。他当过记者，干过银行职员，都很不成功。最后在1870年到了瑞士的洛桑大学才成为经济学教授，并开创了一代"洛桑学派"。由于受其父亲和古诺的影响，以及他曾受过的良好的工程教育，促使小瓦尔拉斯经常从数学和工程的观点来考虑经济学问题。在研究目前通称为"边际效用"、他称为"稀缺性"的理论时，他忽然感到自己的数学太差。于是努力向一位力学教授学习微积分。当他的有关边际效用研究的题为《交换的一种数学理论的原理》的论文发表时，他沮丧地发现英国经济学家杰文斯(1835—1882)已先于他在1862年，发表了一篇题为《政治经济学的一般数学原理的注记》的论文，同样阐述了边际效用(杰文斯称为"最后效用")的理论。不过沮丧之余，他又欣慰他数学的优势使得他的表达形式比杰文斯要好。尽管杰文斯后来大谈"经济学如果是一种科学，它必须是一种数学的科学"，实际上他用的数学不及瓦尔拉斯的高明。

杰文斯和瓦尔拉斯两人都被认为是经济学的"边际效用学派"的奠基者。这个学派的先驱者是德国经济学家赫尔曼·海因里希·戈森(1810—1858)，而另一个奠基者则是奥地利经济学家卡尔·门格尔(Carl Menger,1840—1921)。可惜，这两位经济学家的境遇完全不同却是因为他们的数学程度存在差异。戈森由于在其著作《人类交换规律与人类行为准则的发展》(1854)中借助了数学工具，再加上他的自比"经济学上的哥白尼"言论，致使他的著作长期被埋没，直到在他去世20年后的1878年，才被杰文斯和瓦尔拉斯发现并肯定。而门格尔则缺少对数学工具的掌握，完全无视微积分的奠基人牛顿(Newton,1842—1727)和莱布尼茨(Leibniz,1646—1716)以来数学家和物理学家已经用了两百来年的微分法，在其《国民经济学原理》(1871)中提出了"边际分析学说"，变革了自亚当·斯密、李嘉图和约翰·穆勒以来的学说。该书的出版标志着与德国经济学的历史学派抗衡和与马克思的劳动价值论对立的新学说——奥地利学派正式诞生。门格尔也因此获得了名气和地位。门格尔的方法隐含的数学思想，后一代的经济学家才搞清楚，门格尔等所说的各种"边际"，其实就是数学家所说的"导数"或"偏导数"。从此，微积分以致其他高等数学，也就正式在经济学中登堂入室了。杰文斯在《政治经济学理论》(1871)中，利用导数表述边际效用概念，借助数学推理论证了两种商品之间交换的均衡价格是怎样决定的。

然而，真正产生今日意义下的数理经济学的还不完全是边际效用学派的研究，而是勒翁·瓦尔拉斯另一项备受称颂的经济学成就，即他在《纯粹政治经济学要义》(上册1874年，下册1877年)中提出的一般经济均衡理论，利用联立方程组表达。美籍奥地利经济学家约瑟夫·熊彼特在其经典名著《经济分析史》中指出："他的经济均衡体系其实就是把'革命的'创造性和古典的综合性统一起来，是经济学家所写的不亚于理论物理学成就的唯一著作……它是经济学想要取得严密科学或精密科学资格所走道路上的显著界标。”为此，熊彼特称：“就纯理论而言，瓦尔拉斯在我心目中是所有经济学家中最伟大的一个”。当然这是后人的评价，当时瓦尔拉斯的一般均衡理论，却没有这样的好运。在他的祖国法国，一生没有得到人们的承认。在瑞士的洛桑大学开设20多年的经济学讲座，也没有一个适当的追随者，直到退休前的1891年才在毗邻的意大利得到了一位出色的学生和继承者帕累托（Pareto，1848—1923）。这位当了20年铁路和采矿的工程师，1893年起成为洛桑大学的经济学教授，洛桑学派才算正式形成了。出版的《政治经济学教程》（1906）被认为是20世纪初数理经济学的代表作，主要是在序数效用论的基础上，借助序数效用指数和“无差异曲线”等概念，论证了一般均衡理论。帕累托的影响也远超过瓦尔拉斯，因为帕累托是对理论经济学引进科学思想和方法最多的人之一，致使人们认为他的这一成就完全可以与法国数学家庞加莱（1854—1912）在自然科学方面的成就媲美。后人在一方面叹息世俗不理解瓦尔拉斯因为利用数学构建的一般均衡理论的同时，又很感谢他的数学修养使他懂得了用联立方程组来表达一般经济均衡这一人类智慧的最高结晶之一；尤其更加庆幸的是他的数学知识的局限性，使得现在看来其论证完全不可信的情况下，他毫不犹豫地提出了正确的一般经济均衡理论的数学框架。直到80年后的1954年，第一个一般经济均衡模型的严格数学证明由美国经济学家肯尼斯·约瑟夫·阿罗（1921—，1972年诺贝尔经济学奖获得者）和德布罗提出时，人们才恍然大悟，幸好瓦尔拉斯不是一个严谨的数学家，否则一般经济均衡理论可能会夭折。原来，用来严格证明一般经济均衡存在的数学工具直到1911年才初露端倪，这就是以荷兰数学家布劳维尔（1881—1967）命名的“布劳维尔不动点定理”。而证明一般经济均衡所必要的布劳维尔不动点定理的推广：以日本数学家角谷静夫命名的“角谷不动点定理”，直到1941年才出现。肯尼思·阿罗（K. Arrow，1921—）和罗拉尔·德布鲁（Gerard Debreu，1921—2004）利用“角谷不动点定理”给出了一般经济均衡存在性的严格证明。从1874年到1954年的这80年间，所谓数理经济学，几乎就等于一般经济均衡理论的数学研究。其中大数学家冯·诺依曼（J. von Neumann，1903—1957）的《论一个经济方程组和布劳维尔不动点定理的一个推广》（1937），英文版题目为《一个一般经济均衡模型》（1945），这是对一般经济均衡的研究提出的著名经济增长模型；列昂惕夫（Leontiev，1906—1999）在1930年末开始他的投入产出方法的研究，其实质就是一般经济均衡的线性模型，为此他荣获1973年度诺贝尔经济学奖。获得1970年和1972年诺贝尔经济学奖的萨缪尔森和约翰·希克斯，也是因他们用数学方式研究一般经济均衡体系而著称。

这期间，还有一系列的经济学家涌入这一行列。比如英国边际效用学派的第二代中的两位代表人物埃奇沃思（1845—1926）、马歇尔（Marshall，1842—1924）和凯恩斯（Keynes，1883—1946）；奥地利门格尔的两大门徒庞巴维克（1851—1914）和魏赛尔（1851—1926），还有他的儿子小门格尔（Menger，1902—1985）和约瑟夫·熊彼特（Joseph Schumpeter，1883—1950）；美国的克拉克（1847—1938）和欧文·费歇尔（1867—1947）。埃奇沃思的《数学心理学》（1881）一书被德布罗认为是对当代数理经济学最有影响的著作之一。所谓“埃奇沃思猜想”则是20世纪70年代数理经济学研究最热门的课题。马歇尔则是英国“剑桥学派”的创始人，是新古典学派的代表，直到20世纪30年代，他的学说在西方经济学中一直占着支配的地位。其经典著作《经济学原理》(1890) 曾被西方经济学界视作划时代的著作,奠定了现代微观经济学的基础。今天微观经济学教科书中的那些既直观易懂、又不失数学严谨的曲线图象,多半出于他之手。20 世纪 30 年代后,马歇尔的这种支配地位让位于比他更有名的他的学生凯恩斯。他的经典著作《就业、利息和货币通论》(1936) 出版后,该书被公认为是 20 世纪最重要的西方经济学著作,凯恩斯主义成为西方世界通用的名词。而凯恩斯本人被认为是 20 世纪最重要的西方经济学家,能与西方经济学之父之称的亚当・斯密相提并论。更有学者把该书对世界的重要性等同于达尔文的《物种起源》和马克思的《资本论》,视为过去一百年中出现的最重要的著作。然而无论是马歇尔还是凯恩斯,都是以数学家的身份开始其学术研究的。凯恩斯的《概率论》(1921) 一书可称得上那个时代最重要的概率论和或然逻辑方面的著作之一。约翰・希克斯是微观经济学中一般均衡理论的创建者,是宏观经济学微观化的最早开拓者,早在 1935 年,他就与凯恩斯有所接触。在《价值与资本》(1939) 一书中,希克斯抛弃一般均衡理论原本具有规范分析的特性而赋予这一理论一种强大的经济实质性。他就商品、生产要素、信任和货币的整体性提出了一个完整的均衡模型。因其在一般均衡理论和福利经济学理论上的贡献,被授予 1972 年度诺贝尔经济学奖。

小门格尔曾是布劳维尔的助教,主要研究拓扑学和不确定性的经济学。尤其是培养了两个最著名的学生:一是当代最伟大的数理逻辑学家哥德尔(1906—1978);另一个是罗马尼亚出生的犹太人美籍著名数理统计学家瓦尔德(1902—1950)。后者在小门格尔的建议下,于 1933—1936 年成为第一个试图给出一般经济均衡存在性的严格数学证明的人。另外莫根斯坦因(1902—1977),虽然是庞巴维克的学生,但受小门格尔的影响甚大。莫根斯坦因在研究一个经济学问题时遇到了数学上的困难,去请教意大利数学家切克(1893—1960) 而相识冯・诺依曼。两者数十年有关对策论及其在经济学中的应用的合作研究,造就了 1944 年的数理经济学巨著《对策论与经济行为》,开创了博弈论这一分支,被认为是 20 世纪前 50 年人类最伟大的科学成就之一。

约瑟夫・熊彼特,美籍奥国经济学家,是奥地利学派庞巴维克的弟子,后师从于马歇尔。他是当代西方经济学界主要代表人物之一,在代表作《经济发展理论》(1912) 中首次提出"创新理论"。尽管他的"创新" 理论、经济周期理论没有用到很多数学方法,但他对经济学中运用数学方法的促进则是比谁都大。他 1932 年移居美国后,在哈佛大学任教,培养、熏陶了美国几代经济学家。例如:1970 年诺贝尔经济学奖获得者萨缪尔森、1973 年诺贝尔经济学奖获得者美籍俄裔列昂惕夫、1981 年诺贝尔经济学奖获得者美国经济学家托宾(1918—2002)、1987 年诺贝尔经济学奖获得者美国经济学家索洛(1924—) 等。

欧文・费歇尔是耶鲁大学的数学教授,一个真正的数学家。1892 年出版了《价值与价格的数学研究》一书,在经济学中引进数学方法方面他与帕累托齐名,是计量经济学的先驱者,他对货币理论的研究被凯恩斯看作"精神上的祖父"。

三、集合论等数学全面融入经济学时期(1947 年以后)

把数理经济学的第三阶段确定在 1947 年,主要是因为萨缪尔森的经典名著《经济分析基础》的出版时间。该书是数理经济学的一个顶峰又是一个开始。随后阿罗在《社会选择与个人价值》(1951) 中提出"不可能性定理"、阿罗与德布鲁合作完成一般经济均衡存在性严格证明(1954) 以及德布鲁的仅 102 页的代表作《价值理论:对经济均衡的公理分析》(1959)。这完成了一般均衡理论的一个升华。

保罗·萨缪尔森,25 岁他就成为麻省理工学院的经济学教授。是美国第一个获得诺贝尔经济学奖(1970 年度) 的经济学家,正是因为"他发展了数理和动态经济理论,其研究涉及了经济学所有领域" 而获得这一殊荣。他对经济学贡献之广,会使每个学习西方经济学的学生感到萨缪尔森无处不在。他的《经济学》自 1948 年出版以来,再版了近 20 次,称为经济学界的"圣经"。他在 1937 年作为学位论文写出、1947 年正式出版的成名作《经济分析基础》是把最大化原理和均衡原理结合在一起,使新古典经济学的主体内容有了经典的数学表述形式,从而使得这本著作成为数理经济学发展史上的一个巅峰之作。他与美国经济学家多夫曼(1916—) 和索洛合著的《线性规划与经济分析》(1958) 是又一本数理经济学的经典著作。

罗拉尔·德布鲁出生于法国加莱,毕业于巴黎高等师范学校,于 1945 年获得数学助教资格,是数学界著名的"布尔巴基学派" 奠基人嘉当(H. Cartan,1904—) 的学生,1975 年加入美国国籍。其主要学术成就是对一般经济均衡理论所做的贡献,反映在仅 102 页的代表作《价值理论:对经济均衡的公理分析》(1959) 一书中。该书的出版正式宣告运用数学公理化方法的数理经济学的诞生。也因此使得他摘取了 1983 年度诺贝尔经济学的桂冠。德布鲁在《价值理论》中,以集合论和凸性分析作为主要的公理化分析手段,彻底摆脱了一般均衡理论主要运用代数和方程的传统,以集合理论和凸性分析构造了他全新的一般均衡理论大厦,从而与从亚当·斯密、瓦尔拉斯以来的一般均衡理论相区别,实现了一般均衡理论的整体时代飞跃。

肯尼思·阿罗生于美国纽约,1949 年在哥伦比亚大学获得数学博士学位,1953 年在斯坦福大学成为教授,1968 年成为哈佛大学教授。因在一般均衡论和社会福利经济学方面的成就,与希克斯一同被授予 1972 年诺贝尔经济学奖。他的学位论文《社会选择与个人价值》(1951) 开创了一门新的数理经济学(或者说是数理社会学) 分支:社会选择。社会选择理论中的奠基定理就是所谓"阿罗不可能定理"。他与德布罗一起给出了一般经济均衡存在性严格证明(1954 年)。

列奥尼德·康托罗维奇(1912—1986) 出生于俄国彼得堡,一个在实变函数、泛函分析和计算数学等多方面有开创性贡献的大数学家。1938 年首次提出求解线性规划问题的方法 —— 解乘数法,从此打开了解决优化规划问题的大门。1939 年创立了享誉全球的线形规划要点,对资源最优分配理论做出了贡献,从而获得 1975 年诺贝尔经济学奖。

与康托罗维奇一同获奖的是美籍荷兰经济学家佳林·库普曼斯(1908—1985),1936 年获得了荷兰莱顿大学的数理统计学博博士学位,是线性规划经济分析法的创立者。在《生产和调度的活动分析》(1951) 一书中,他第一次将活动分析这种新的经济分析工具作为一个完整的理论介绍给学界。从此微观经济学除了传统的边际分析外,增加了一个新的理论领域和实用工具。活动分析把列昂惕夫的投入产出法、线性规划,瓦尔拉斯的一般均衡论融合在一块,创造了一种更具普遍意义的分析工具。

上面简单回顾了一下数理经济学的发展历史,但远不够完善,尤其是当代西方经济学，几乎与数学紧密融会在一起。为什么数学会如此深入到经济学中去呢？最后，我们利用德布罗的回答来结束本节内容：坚持数学严格性，使公理化已经不止一次地引导经济学家对新研究的问题有更深刻的理解，并使适合于这些问题的数学技巧用得更好。这就为向新方向开拓，建立了一个可靠的基地。它使研究者从必须推敲前人工作的每一细节的桎梏中脱身出来。严格性无疑满足了许多当代经济学家的智力需要，因此，他们为了自身的原因而追求它，但是作为有效的思维工具，它也是理论的标志……还有另一个方面，经济理论的公理化已经向经济工作者提供他们能接受的高度有效的数学语言。这使得他们可以互相交流，并以非常经济的方式进行思考。与此同时，经济学家和数学家之间的对话已经变得更加频繁。像冯·诺依曼那样，把他的研究精力的相当一部分放在经济问题上，这种第一流数学家的例子已经不是独一无二的了。同样，经济理论也开始影响数学。其中最明显的例子是角谷定理、集值映射的积分理论、近似不动点计算的算法以及方程组的近似解的算法。

第二节　数理经济学的基本概念和内容

一、数理经济学的基本概念

“数理经济学”一词，至今尚无统一的定义。“数理经济学”是经济学的一个分支学科，还是作为经济学的一种数理分析方法，也是备受争议的。

1972 年度诺贝尔经济学奖获得者美国斯坦福大学的肯尼思·约瑟夫·阿罗和英特里盖特（Intriligator）主编的《经济学手册》中的《数理经济学分册》（1986 年）指出：数理经济学包括数学的概念和技术在经济学中的各种应用，特别是在经济理论中的应用。经济学的这个分支最早可以追溯到 19 世纪早期，并在近几十年有了快速的发展，并将继续发展下去。同时，许多数学家也发现数理经济学为他们的数学技巧提供了一个重要且有趣的应用领域。而且，经济学也引发了某些重要的数学问题。

日本著名的数理经济学家高山晟（Akira Takayama）在《数理经济学》（第二版，1984 年）著作中指出：经济学关心的是真实世界的问题，它的发展非常依赖于对这些问题的强烈需求和推动。大量观点是基于各种既定的对于某特殊政策的兴趣，然而这些观点通常模糊了理论的理解。因此对经济学家而言，找出每一个问题的基本逻辑结构和用主要分析工具充分装备自己是非常重要的，尽管很多重要的经济理论显然既不可数学化，也不可以进行分析性的处理。同时，他强调现代经济理论的基本特征在于其分析性和数学性。数学作为一种语言，通过明确地给出假设条件，并且使得每一步推导都符合逻辑，从而成为确切表示某种理论的一种方便工具。因此，数学语言为理论的进一步发展和推广提供了基础。但是，经济学仍然是一门复杂的学科，其中涉及许多不能够完全用数学语言来表达的方面。正如在评论马克斯·普朗克（Max Planck）作出不学习经济学的决定时，凯恩斯指出，经济学涉及逻辑、哲学以及大量的经验知识的混合，而其中的绝大部分都是不精确的。换句话说，经济学是诗和硬分析的混合体，还伴随着一些制度方面的事实……硬分析是如实地表达经济学自身的一种最好方式，并且使之不至于被数以百万计的制度方面的事实所淹没。确实，基于分析的和数理的方法论的抽象经济学理论为我们研究现实世界中的问题和制度提供了一种完美的途径。这里可以进行类比的例子是第谷和开普勒、伽利略和牛顿之间的差别。接着他指出数理经济学的基本性质是，数理经济学是这样的一个领域，它关注的是完整的和硬的分析。其中本质的东西是分析的方法，而不是定理结果的搜集。因为现实中的经济太复杂了，不可能直接应用这些定理。凯恩斯曾经指出，经济学的理论并不是由可以立即应用于政策的已有结论组成的。它是一种方法而不是一种教条，是一种思维方式，一种研究技巧，它可以帮助掌握它的人得出有用的结论。随后他提出了学习数理经济学的基本方法是定理都是无用的，除非明确地认识到相应的假设条件，并且完全理解其中所涉及的逻辑关系。建立对于定理的一种直觉上的理解是重要的（如有必要可利用图形等工具），但是这种理解也是无用的，除非我们具备关于假设条件和证明的完整知识。

英国著名的数理经济学家艾伦（Allen）在《数理经济学》（第二版，1959）著作中明确提出：数理经济学是应用数学，是数学和经济学合作的产物。数理经济学中任何有意义的结果都只能由经济学家运用数学获得。应用数学的其他领域，例如工程技术学，也是如此。

美国数理经济学家蒋中一在《数理经济学的基本方法》（1984）著作中在阐述数理经济学的实质时指出，公共财政和国际贸易是经济学的分支学科。从这个意义上看，数理经济学显然不是经济学的一个分支学科。确切地说，它是一种经济分析方法，是经济学家利用数学符号描述经济问题，运用已知的数学定理进行推理的一种方法。就分析的具体对象而言，它可以是微观或宏观经济理论，也可以是公共财政、城市经济学，或者其他经济学科。从更广泛的意义上使用数理经济学这一概念，我们甚至可以将现在的任何一本初级经济学教程均称之为数理经济学，因为它们经常运用几何学方法推导理论结果。然而，习惯上，数理经济学是指不仅使用简单的几何学方法，而且还运用像矩阵代数、微积分、微分方程、差分方程等数学工具来描述经济问题的一种方法。接着他阐述数理经济学与非数理经济学的区别，指出因为数理经济学仅仅是一种经济分析的方法，所以，它与非数理的经济分析方法不应当，事实上也不存在任何根本的不同。任何一种理论分析，不管运用何种方法，其目的总是从一些给定的假设或公理出发，通过推理过程得出一组结论或定理。数理经济学与所谓‘文字经济学’的主要区别基本源于以下事实：前者使用数学符号而非文字、使用方程而非语句来描述假设和结论；其次，前者运用大量的可供引用的数学定理而非文字逻辑进行推理。因为符号和文字表述实际上是相同的，所以，选择哪一种表述方式并无实质差别。不过，人们公认的是，数学符号更便于演绎推理，且能使表述更为言简意赅。

清华大学张金水在《数理经济学》（1998）一书中指出，数理经济学是指采用更多的数学方法来描述的经济学。简单地说，数理经济学研究方法就是列方程和解方程。第1步：列方程，也就是用数学公式来描述经济系统中基本环节……第2步：解方程并讨论解的5个基本问题：解的存在性、稳定性、合理性、能控性、一定时间内到达合理轨道的能达性。他在阐述数理经济学与经济控制论的关系是指出，数理经济学与经济控制论并不是经济学新分支，它是采用更多数学工具来描述的微观、宏观、国贸、福利经济学。

1983年度诺贝尔经济学奖的得主美籍法国著名数理经济学家罗拉尔·德布鲁在获奖演说中称：数理经济学是“数学方式的经济理论”。

我国学者谢胜智在《数理经济学》(2004)一书中，认为：数理经济学是数学方式的理论经济学。并阐述数理经济学的特点是：第一，数理经济学是一种理论经济学，它研究的是经济学中的基础性问题；第二，数学化，在研究中大量使用数学方法，重要内容用数学语言表达。

从上面引证的各位专家学者的观点可以看出，对于数理经济学，一种观点认为是经济学的一个分支学科（以阿罗等为主）；另一种观点认为，是一种经济分析方法，通用于所有经济学领域（以蒋中一等为主）。笔者较为认同后一种观点。因为数学是作为一门研究世界（包括自然界、人类社会和思维）数量规律的方法论学科，其中的数量主要是指抽象的。无论是自然界，还是人类社会，只要具有抽象数量规律的情形，数学就会像计算机工具一样，对这个学科有帮助。经济学的每一个分支学科，只要它需要进行数量化的提炼其规律，势必利用数学这一工具，只是不同的分支对数学的依赖程度有所不同而已。有些分支领域，可以利用数学的推演得出几乎所有的重要结果，类似于物理学中的力学；有些分支领域，可能只能用到极少的数学甚至没有用到数学。不过，纵观人类认识世界的历史发展规律来看，人类认识世界的基本趋势是越来越趋于对所有认识领域的定量化。从这个趋势来看，迟早数学会介入到经济学的所有领域，只是数学家们也得创造更多的数学工具，以备其他领域所需。当然，从这个角度来看，把数理经济学界定为是应用数学的一个分支（艾伦），即数学在经济学中的应用，也是有一定道理的。

二、数理经济学的基本内容

因为对数理经济学的理解不同，其内容的界定也不完全一样。下面阐述一些历史上的经典数理经济学专著以窥其貌。

根据美国数学会1991年《数学评论》主题分类表09A，数理经济学包括判定理论（管理决策、博弈论、数学规划）、个体选择、团体选择、社会选择、多部门模型、财政、有价证券与投资、动态经济模型、应用理论、统计方法（经济指标及其度量）、生产理论和厂商理论、经济时序分析、价格理论与市场结构、空间模型、均衡（一般理论）、公共商品、增长模型、环境经济学（污染、收成、天然资源模型等）、期望效用和厌恶风险效用、信息经济学、激励理论、消费行为与需求理论、劳动市场、特殊经济类型、特殊均衡类型、现实世界系统模型、一般宏观经济模型、市场模型（拍卖、议价、出价、销售等）、制定宏观经济策略与征税、资源分配等。

阿罗和英特里利盖特主编的《数理经济学手册》(1986)一书回顾了从1970年后期数理经济学各个分支的状况，涵盖了数理经济学的各个专题。全书29章共5篇：第1篇，经济学的数理方法，包括经济理论的数学发展中最有用的概念和方法；第2篇，微观经济理论的数理方法，包括消费者、生产者、寡头和对偶理论；第3篇，竞争均衡的数理方法，包括竞争均衡的概念、稳定性、不确定性、均衡价格的计算和经济的核心；第4篇，福利经济学的数理方法，包括社会选择理论、最优税收和最优经济增长；第5篇，经济组织和计划的数理方法，包括组织设计和分散化。

高山晟的《数理经济学》(第二版，1984) 的任务是为数理经济学提供一种系统的处理。他指出这一学科强调的是经济学理论的统一性结构和包含在现代经济学理论中的数学方法。而该书提供的是核心的经济学分析方法，主要关注于经济学理论的两大主题：竞争市场理论和经济增长理论。而遗漏了至少三个重要的主题：关于不确定性的理论、关于社会体系和组织的理论和关于冲突和相互作用的理论。

艾伦的《数理经济学》(第一版，1956，第二版，1959) 是主要对英美数理经济学家用数学方式论述的当时很有意义的一些经济理论的一个概括，是对现代西方经济学界数理经济学新的研究成果的总结和概括，它集中叙述的是 20 世纪 30 年代以来特别是第二次世界大战以来西方经济学和数学相结合的几乎所有重要内容。该书的出发点是宏观动态经济学的问题。全书可以分为两大部分 5 个单元共计 20 章。两大部分指宏观经济学问题 (1 ~ 9 章) 和微观经济学问题(10 ~ 20 章)。第一部分包括 1 和 2 单元，其中第 1 单元主要讨论动态模型(1 ~ 6 章)，第 2 单元主要讨论经济周期理论和经济调整问题(7 ~ 9 章)。第二部分包括 3 ~ 5 单元，其中第 3 单元主要讨论一般均衡理论(10 ~ 14 章)，第 4 单元主要讨论对策论和线性规划(15 ~ 16 章)，第 5 单元主要讨论微观经济学的一些基本问题(如资源分配、厂商理论、价值理论和福利经济等)(17 ~ 20 章)。

蒋中一的《数理经济学的基本方法》(1984) 主要是为致力于学习基本数学方法的经济学专业学生而写的。该书涵盖了静态学(均衡分析)、比较静态学、静态最优化问题、动态学和数学规划(最优化的现代发展) 等主要经济分析。该书没有阐述动态最优化理论。蒋中一在其后的《动态最优化基础》(1992) 中详细阐述了动态最优化的古典变分法理论和其现代发展方法 —— 最优控制理论。但没有阐述动态最优化的第三种方法 —— 动态规划，以及微分博弈和随机控制理论。

第二章 微分学与经济学基本理论

第一节 微分学基本思想

微积分学的产生,是继古希腊欧几里得(Euclid,公元前330年—前275年)几何之后,全部数学中的一个最大的创造。它的发现解答了古希腊人处理过的一些问题,但微积分的创立,主要还是为了处理出现在17世纪的一些主要科学问题。现在教科书对于微积分的基本概念,即导数与积分,叙述得如此清楚,要掌握有关运算也不费力,以致我们很容易忘记这些基础定义发展起来的困难。不过,正如20世纪上半叶著名的德国数学家外尔(Hermann Weyl,1885—1955)所说:如果不知道远溯古希腊各代前辈所建立和发展的概念、方法和结果,我们就不可能理解近五十年来数学的目标,也不可能理解它的成就。微积分学思想经历了人类2500多年的文化历史长河的洗礼,众多大家学者对其进行了深入的研究。可以将其分为五个阶段:微积分古代思想、微积分酝酿阶段思想、微积分诞生思想——牛顿和莱布尼兹、微积分发展阶段思想和微积分严格阶段思想。详见拙著《微积分基本思想》。

在17世纪有四类主要科学问题促进了微积分学的产生。第一类问题:已知物体移动的距离表为时间的函数的公式,求物体在任意时刻的速度和加速度;反之,已知物体的加速度表为时间的函数的公式,求速度和距离问题。第二种类问题:来源于纯几何和科学研究上求曲线的切线问题。第三类问题:炮弹发射最大射程等引起的求函数最大值与最小值问题。第四类问题:行星运动引起的求曲线长,曲线围成的面积,曲面围成的体积,物体的重心等问题。现在我们可以把微积分看做是一门以函数为研究对象,极限为工具的数学分支学科。为此,下面按照现在微积分学教科书以函数、极限、导数、积分(在第6章)的顺序,大体介绍一下微积分的基本思想发展。

一、函数概念的思想演变过程

数学从运动与变化的定量研究中引出一个基本概念——函数(或变量间的关系)。作为一个明确的数学概念,是17世纪数学家们引入的,在随后的200年占据数学的中心位置。但起源可以追溯到古巴比伦和古希腊时代。

第一阶段,函数概念的酝酿阶段(古希腊—17世纪)

这一阶段的特点是:函数的表现形式是普通文字陈述、运动学的表述、数列对应以及造表(主要是三角函数表和对数表)、曲线图像和解析表达式。数学家们把函数的概念通过这些隐含的渠道引进数学之中。

函数的早期例子：

1. 求圆的面积

在公元前1650年左右的莱茵德纸草书（阿姆士莱茵德）中就有求圆面积的近似值问题。阿基米德在《论圆的度量》一书的第一个命题就证明了求圆面积的方法。

一个圆的面积等于一个两直角边分别是该圆的半径和周长的直角三角形的面积。按我们现在的符号，记为：

$$S_{圆} = \frac{1}{2}rc = \pi r^2 \text{（其中周长 } c = 2\pi r, r \text{ 为圆半径）}$$

2. 求圆的体积

阿基米德在《论球和圆柱》一书的第34个命题就证明了求圆体积的方法。

“一个球的体积等于一个以该球的大圆为底、半径为高的圆锥体积的4倍。”

按我们现在的符号，记为：

$$V_{圆} = \frac{4}{3}\pi r^3 \text{（} r \text{ 为圆半径）}$$

3. 求圆的周长

阿基米德在《论圆的度量》一书的第3个命题求圆的周长的证明过程中，提出了内接正多边形边长和外切正多边形边长的方法。

4. 自由落体运动公式

对函数概念最早较为明确的认识是14世纪中叶法国数学家尼可·奥雷姆（Nicole Oresme，约1323—1382），为解决当时的一类典型问题：研究物体在进行各种变速运动时的瞬时速度、加速度及经过的距离（现称这些量表现为时间的函数），在《论质量与运动的构造》一书中，他用线段（遵循古希腊的传统，用线段代替实数）来度量各种物理变量（例：把速度看作时间的函数），且借用“经度”与“纬度”叙述给出这种关系的图形表示法（相当于纵坐标与横坐标）。其思想已经接触到了“在直角坐标系中用曲线表示函数的图像”。

意大利伽利略（Galileo，1564—1642）在创立近代力学的著作《两门新科学》一书中，用文字和比例的语言表达函数关系。见下例1－4：

1. 正比例函数

沿着同一高度但不同坡度的倾斜平板下滑的物体，其下滑的时间与平板的长度成正比。代数符号化后，写为

$$t = kl$$

2. 反比例函数

两个侧面积相等的正圆柱，其体积之比等于它们高度之比的反比。用现代语言可以写成：

$$y = \frac{k}{x}, \text{（其中 } y = \frac{v_1}{v_2}, x = \frac{h_1}{h_2} \text{）}$$

3. 二次函数

从静止状态开始以定常加速度下降的物体，其经过的距离，与所用时间的平方成正

比。代数符号化后,写为

$$s = at^2 (a \text{ 为定常加速度}, t \text{ 为时间})$$

4. 根式函数

两个等体积圆柱体的面积(底面积除外)之比,等于它们高度之比的平方根。用现代语言可以写成:

$$y = \sqrt{x}, (\text{其中 } x = \frac{h_1}{h_2}, y = \frac{s_1}{s_2})$$

在17世纪引进的绝大部分函数,在函数概念还没有充分认识以前,是当作曲线来研究的。

5. 指数函数

1644年伽利略的学生托里切利(Torricelli,1608—1647)受到对数工作的启发而研究曲线(用现代语言)

$$y = ae^{-cx} (x \geqslant 0)$$

6. 正弦曲线

1634年罗贝瓦尔(Roberval)求旋轮线的拱下面积时,旋轮线的伴侣曲线为(用现代语言表述)

$$y = a\sin\frac{x}{a} (a \text{ 为母圆半径})$$

法国费尔马(Fermat,1601—1665)在《平面与立体轨迹引论》(1629—1630)一书中写道:

只要两个未知量出现在一个确定的方程里,就存在一条轨迹,这两个量之一的端点描绘了一条直线或曲线。这条直线简单且唯一,曲线的种类则有无限地多——圆、抛物线、双曲线、椭圆等。为了有助于建立起方程的概念我们希望让这两个未知量构成一个角,通常假定其为直角,其中一个未知量的位置和端点是确定的。

法国笛卡尔(Descartes,1596—1650)在《几何学》(1637)中写道:若我们对线 y 连续地取无穷多个不同的值,我们就将对线 x 得到无穷多个值,从而得到无穷多个不同的点,…… 于是所要求的曲线就可以被作出了。他还提出几何曲线和机械曲线的区别(但笛卡尔排斥机械曲线),引出了代数函数和超越函数的区别。可见那时数学家们都是把函数当做曲线来研究的。

1667年詹姆斯·格雷戈里(James Gregory,1638—1675)证明:圆扇形的面积不能表为圆半径和弦的代数函数。从而明确了笛卡尔的代数函数和超越函数的区别。莱布尼兹证明 $\sin x$ 不可能是 x 的代数函数,无意中证明了格雷戈里的结果。

英国牛顿在《流数法与无穷级数》(1671年完成,1736年发表)中清楚地表述"然而,我们只有通过均匀的位置运动来解释和度量时间,才能估量时间,才能把一些同类量及其增加和减少的速度彼此进行比较。由于这些原因,下面我并不是这样严格地看待时间,而是假定在所提出的一些同类量中有某一个量以均匀的速度增加,所有其他的量都可以参照这个量来考虑,就好像它是时间一样。于是,根据类似性原则,就有理由把这个量称为'时间'。因此,今后遇见时间这一词,不应把它理解为严格看待的时间,而应理解为另一个量，可以通过这个量均匀增加或流逝来解释和度量时间。”从上面可以看出，牛顿通过选取给定变量充当时间的变量，从而使它起到“自变量”的作用。其实牛顿自1665年开始微积分的工作以来，一直用“流量”一词来表示变量间的关系。在他早期的著作中，已经把函数考虑为纯解析表示，而与几何图像不相干，但后来仍用几何或运动学表示。1676年10月24日给莱布尼兹的信中，用纵坐标（Ordinate）一词表示自变量的显示，这明显是函数的观念。

第二阶段，函数概念的第一阶段——解析的函数定义

这一阶段的特点是：约翰·贝努利的函数概念引入了变量，是用解析式定义的，有一定的局限。

格雷戈里在论文《论圆和双曲线的求积》（1667）给出了第一个解析的函数定义：“它是从一些其他的量经过一系列代数运算而得到，或者经过任何其他可以想象到的运算而得到的。”他解释“可以想象到的运算”是指除五种代数运算（加、减、乘、除、开方）外，必须加上极限的运算。那时他关心的是求面积的问题。不足：这定义局限太大，又没有给出函数的记号。

格雷戈里证明：切线问题是面积问题的逆问题。并断言：椭圆和双曲线的长度不能用当时已知函数（圆函数和对数函数）表示。

约翰·贝努利在研究中因为要刻画运动过程和各种变化量之间的相依关系，1698年从解析的角度给出了函数的定义：在这里，一个变量的函数是指由这个变量和常数以任何一种方式构成的一个量。“任何一种方式”包括代数式和超越式，即我们所说解析表达式。用大写X和希腊字母ξ表示x的函数。在1718年他又创用符号“φx”表示x的函数。这个定义首次出现了“变量”一词。

约翰·贝努利研究了代数函数，引入了超越函数（三角函数、对数函数、指数函数、变量的无理数次幂函数及用积分表达的函数），指出对数函数是指数函数的反函数。

第三阶段，函数概念的第二阶段——图像法表示的函数概念

这一阶段的特点是：欧拉函数概念的可表示、可计算特征。使函数概念从几何和力学中解放出来，从而开辟了数学分析的新时代。

莱布尼兹在手稿《有关切线的逆方法即函数》（1673）中，首次给出了拉丁语“函数”（function）一词。用来表示随曲线上的点变动而变动的几何量——例如：切线、法线、次切线等长度（这是函数概念的几何起源），或更一般地，表示与曲线有关系的任何量（如：曲线上点的坐标、曲线的斜率、曲线的曲率半径等），而曲线是由方程给定。在手稿中他创造了两种函数记号（如用x的幂x^2、x^3等表示x的函数），但因书写不便，被淘汰。在1679年，他区别代数曲线（他称解析曲线）和超越曲线；在1684年和1686年他把能用有限次方程表示的曲线称为代数曲线，用无限次方程表示的曲线称为超越曲线；在1692年和1694年的手稿中，还引入了“常量”、“变量”和“参变量”概念。在《微积分的历史和起源》（1714）一文中，他用“函数”表示依赖于一个变量的量。

欧拉（Euler，1707—1783）在1734年引入函数记号$f(x)$，在《无穷小分析引论》（1748）一书中，首先定义了常量和变量，然后说：一个变量的函数是由该变量和一些数或常量以任何一种方式构成的解析表达式。“构成的解析表达式”可以是一些标准的代

数运算(包括解代数方程)和各种超越的求值过程(包括求序列的极限、无穷级数之和、无穷乘积等);他将函数分为代数函数与超越函数,有理函数与无理函数,整函数与分函数,单值函数与多值函数等。其中超越函数大体指三角函数、对数函数、指数函数、变量的无理次幂函数以及某些用积分定义的函数;他指出函数间的原则区别在于组成这些函数的变量与常量的组合法不同;比如:超越函数与代数函数的区别,在于前者重复后者的那些运算无限多次;即超越函数可用无穷级数表示。《无穷小分析引论》一书是函数概念起重要而明确作用的第一部著作,把函数而非曲线作为主要的研究对象,使得几何学算术化。但欧拉及他同时代的数学家们都不认为有必要去考虑"无穷尽地应用四则运算而得到的表达式是否有效的问题?"。

欧拉和达朗贝尔(1717—1783)在研究弦振动问题时,又碰见必须定义函数的问题,并发生争论,于是他给出了函数的第二个定义"在 xy 平面上徒手画出来的曲线所表示的 y 与 x 间的关系。"达朗贝尔在1745年用"$\varphi(x)$"表示 x 的函数。欧拉在1753年创用"$\varphi:(x,t)$"表示 x 和 t 的函数。

第四阶段,函数概念的第三阶段——"依赖"关系的函数定义(科学函数的雏形)

欧拉在《微分学原理》(1755)一书中给出函数第三个定义:若某些量以如下方式依赖于另一些量,即当后者变化时,前者本身也变化,则称前一些量是后一些量的函数。这是一个很广泛的概念,它本身包含各种方式,通过这些方式,使得一些量得以由另一些量所确定。因此,若以 x 记一个变量,则所有以任何方式依赖于 x 的量或由 x 所确定的量都称作 x 的函数……这个定义首次明确用"依赖"关系定义函数,体现了"自变"到"因变"的过程,但还没有强调两个变量间的对应关系。

欧拉的函数概念对后世影响很大。他把函数分为两类:一是连续函数,即可用幂级数表示的解析函数;一类是不连续函数(也称混合函数),即由连续部分构成(实际上在孤立点不可微)。但他的这一分类观点后来遭到批判,即可以举出反例,说明在不同区间有不同表示的函数可以用同一等式表示。其中最简单的例子是1844年柯西的论文中的,即

$$y=\begin{cases}x, & x\geqslant 0\text{。}\\ -x, & x<0\end{cases}$$

按欧拉的函数分类观点,这是不连续的。但如果用一个方程

$$y=\sqrt{x^2}\,(-\infty<x<\infty)$$

表示,就是连续的。

拉格朗日(Lagrange,1736—1813)的函数概念还只是解析函数,认为任何给定的函数都可以被展开为一个幂级数。于1797年定义函数:所谓一个或几个量的函数是指任意一个适于计算的表达式,这些量以任意方式出现在表达式中。表达式中可以有(也可以没有)其他一些被视为具有给定和不变的值的量,而函数的量值可以取所有可能的值。因此,在函数中,我们仅考虑那些假定是变化的量而不去关心可能包含在其中的常数,……一般地,我们用字母 F 或 F 放在一个变量的前面以表示该变量的任意一个函数,即表示依赖于这个变量的任何一个量,它按照一种给定的规律随着那个量一起变化。

约翰·贝努利和欧拉系统研究了函数理论,然而他们都不能区分函数和函数值,也没

有认识到函数值的唯一性。

法国数学家孔多塞(Condorcet,1743—1794)在1778—1782年给巴黎科学院的论文中,他区分了三种函数:①有显式的函数;②隐函数;③由某些条件定义的函数(如微分方程),且对任何函数形式都可导出泰勒级数(这个方法由拉格朗日在1774年发表过)。

法国数学家拉克鲁瓦(Lacroix,1765—1843)在他的《微积分论》(1797)定义函数:每一个量,若其值依赖于一个或几个别的量,就称它为后者的函数,不管人们知不知道用何种必要的运算可以从后者得到前者。这是对函数概念的第一个实质性推进。这里不再强调运算和函数的解析表达式,只强调自变量与因变量之间的相依关系,本质上已经成为今天的函数概念。但这里还并未说明对于一个函数是否可以由不同表达式在某一区间分段定义,或由更复杂的方式定义。

第五阶段,函数概念的第四阶段 —— 对应关系的函数定义

这一阶段的特点是:傅立叶的函数概念推向更一般的对应关系而摆脱掉定义公式。狄利克雷的数值对应的函数观念,在两方面改进了欧拉的定义:一是明确指出函数不一定非得具有解析表达式;二是把不连续函数纳入函数的范围。但其定义仍局限于实函数。

1820年,英国数理学家赫谢尔(Herschel,1792—1871)在《例题集》一书中,首次使用"$f^{-1}(x)$"表示$f(x)$的反函数,并使用$f(f(x)) = f^2(x)$。

傅立叶(Fourier,1768—1830)在《热的解析理论》(1822)一书中写道:首先必须注意我们进行证明时所针对的函数$f(x)$是完全任意的,并且不服从连续性法则,……一般地,函数$f(x)$代表一系列的值或纵坐标,它们中的每一个都是任意的,对于无穷多个给定的横坐标x的值,有同样多个纵坐标$f(x)$。……我们不假定这些纵坐标服从一个共同的规律,它们以任何方式一个接着一个地出现,其中的每一个都像是作为单独的量而给定的。"不假定这些纵坐标服从一个共同的规律"明确允许函数的分段定义;"任何方式"为以完全不同于传统的解析表达的各种复杂方式定义函数提供了可能。他用一个三角级数和的形式表达了一个由不连续的"线"所给出的函数。对三角级数特别是傅立叶级数的研究,极大地推动了函数概念的发展,因为傅立叶的工作动摇了18世纪的一个信念:"所有函数,无论性质有多坏,总都是代数函数的推广。"但是傅立叶的函数定义实际上采用的"间断性"定义,仍是18世纪(解析形式的间断性)的定义(指在解析表达式变更之处的一些孤立点函数失去光滑性),最坏的函数也只是逐段光滑的,即在每一个有限区间上只有有限个"不连接点"。

柯西(Cauchy,1789—1857)在1823年给出:如果在一些变量之间有这样的关系,使得当其中之一的值被给定时,便可得出其他所有变量的值。此时,我们通常认为这些变量由它们之中的一个表示,于是这个量被称为独立变量,其他被独立变量所不是的量就被称为这个量的函数。

罗巴切夫斯基(Lobatchevsky,1793—1856)在1834年定义:函数的一般概念要求x的函数是一个数,它对每个x是给定的并逐渐地随x变化(实际是要求连续性)。函数的值可以这样给出,或者用一个解析表达式或者用一个条件,使它能给出试验所有数的方法并选定其中之一;或者最后,存在一种依赖性,它的具体形式不必知道。

德国数学家狄利克雷(Dirichlet,1805—1859)在1829年给出了著名的狄利克雷

函数：

$$f(x) = \begin{cases} c & x\text{是有理数} \\ d & x\text{是无理数} \end{cases}, c, d \text{为常数。}$$

这是第一个被明确给出的没有解析表达式的函数，也是第一个被明确给出的"真正不连续的" 函数。

1837 年狄利克雷给出函数的新定义：让我们假定 a 和 b 是两个确定的值，x 是一个变量，它顺序变化取遍 a 和 b 之间所有的值。于是，如果对于每一个 x，有唯一的一个有限的 y 以如下方式同它对应，即当 x 从 a 连续地通过区间到达 b 时，$y = f(x)$ 也类似在顺序变化，那么，y 就称为该区间中 x 的连续…… 函数。而且，完全不必要求 y 在整个区间中按同一规律依赖于 x；确实，没有必要认为函数仅仅是可以用数学运算表示的那种关系。按几何概念讲，x 和 y 可以想象为横坐标和纵坐标，一个连续函数呈现为一条连贯的曲线，对 a 和 b 之间的每一个横坐标，曲线上仅有一个点与之对应。这个函数概念是第二次实质性推进，是在不使用集合论概念下完整给出今天的函数概念。要点：① 以相依关系定义函数；② 函数的单值性；③ 函数可以在某一区间上分段定义；④ 函数概念不依赖于常规的数学运算。

黎曼（Riemann，1826—1866）在 1851 年给出：我们假定 Z 是一个变量，它可以逐次取所有可能的实数值。若对它的每个值，都有未定量 W 的唯一的一个值与之对应，则称 W 为 Z 的函数。并创用了希腊字母 ξ 来表示"ξ— 函数"。

现行初中教材的函数概念：

一般地，如果在一个变化过程中，有两个变量 x，y，对于 x 的每一个值，y 都有唯一的值与之对应，就称 y 是 x 的函数，记为：$y = f(x)$。其中 x 是自变量，y 是因变量。

这是狄利克雷和黎曼的概念和欧拉的函数符号 $f(x)$ 的结晶。

捷克数学家波尔查诺（Bolzano，1781—1848）于 1834 年给出了一个处处不可微分的连续函数的例子，但不为人知。德国的魏尔斯特拉斯（Weierstrass，1815—1897）于 19 世纪 60 年代重新给出了一个著名的例子。

第六阶段，函数概念的第五阶段 —— 集合映射关系的函数定义

这一阶段的特点是：康托尔和戴德金的集合映射的观念。

汉克尔（Hankel）在 1870 年定义：$f(x)$ 称作 x 的一个函数，如果对于某个区间内的每一个 x 的值，都有唯一的和确定的 $f(x)$ 的一个值与之对应。而且，$f(x)$ 从何而来，如何确定，是否由量的解析运算或其他什么方式得到，这些都无关紧要，所需的只是 $f(x)$ 的值在各处都是唯一确定的。

康托尔把函数定义为数对 (a,b) 的集合，其中 $a \in A, b \in B$，A, B 均为集合。这一定义很一般，但函数本身消失了。

戴德金（Dedekind，1831—1916）在《数是什么，数应该是什么》(1888) 中，把函数作集合间的映射来定义："系统 S 上的一个映射蕴含了一种规则，按照这种规则，S 中每一个确定的元素 s 对应着一个确定的对象，它称为 s 的映像，记做 $\varphi(s)$。也可说，$\varphi(s)$ 对应于元素 s，$\varphi(s)$ 由映射 φ 作用于 s 而产生或导出；s 经映射 φ 变换成 $\varphi(s)$。" 这是函数概念的第三次实质性推进，采用映射的语言，不再局限于普通的数系，极大地使函数概念一般化，

也为后来利用集合论的语言定义函数概念做好了准备。但他对值域没有任何刻画。

直到19世纪后期，才出现定义域和值域这些平凡的术语。也才出现了高中现行教材的函数概念和符号$f:A \to B$。

高中现行教材的函数概念：

一般地，设A、B是非空的数集，$f:A \to B$是集合A到集合B的映射（若按照某种对应法则f，对于集合A中的任何一个元素，在集合B中都有唯一的元素和它对应，则称这样的对应叫做集合A到集合B的映射，记为$f:A \to B$）。则称映射$f:A \to B$为集合A到集合B的函数。记为：$y = f(x)$。其中$x \in A, y \in B$。原像的集合A叫做函数$y = f(x)$的定义域，象的集合$C(C \subseteq B)$叫做函数$y = f(x)$的值域。

意大利数学家皮亚诺（Peana，1858—1932）在1911年给出函数定义："函数是一种特殊的关系。根据这种关系，变量的每一个值都对应其唯一的一个值。" 在1893年率先使用符号$y = f(x)$和$x = f(y)$。结合赫谢尔的符号，采用函数$y = f(x)$和他的反函数$y = f^{-1}(x)$。

凯里在1917年给出：一般而论，两类数之间的一个对应可称作一个函数关系，如果第一类中的每一个数都有第二类中的一个数与之对应。跟第一类中的数相对应的变量称为独立变量，跟第二类中的数相对应的变量称为应变量。因此，我们可以说，独立变量和应变量之间存在着一个函数关系，或像通常所说，称应变量是独立变量的函数。

库拉托夫斯基在1921年给出："集合$(a,b) = \{\{a\},\{a,b\}\}$称为一个序偶。设$f$是一个序偶的集合，如果当$(x,y) \in f$且$(x,z) \in f$时，$y = z$，则称$f$为一个函数。"

布尔巴基学派在出版的《集合论》（1939）中给出函数定义："设E和F是两个集合，它们可以不同，也可以相同。E中的一个变元x和F中的一个变元y之间的一个关系称为一个函数关系，如果对于每一个$x \in E$，都存在唯一的$y \in F$，它与x满足给定的关系。"

二、极限的基本思想

极限作为微积分学最基本的概念，在微积分学的发展史上却不是一开始就具有其基础性的地位，经过了一个漫长的岁月，数学家们才逐渐意识到这一点的。

第一阶段，朴素的极限思想（古希腊 — 牛顿时代）

极限的概念，最早可追溯到古希腊时代的哲学家德谟克利特（Democritus，约公元前460— 前370年）提出的"原子论"。他把物体看做是大量微小部分叠合而成。他利用这一思想，求出了锥体体积是等底等高柱体体积的三分之一，这正是极限思想的萌芽。其实，在这之前，与极限概念紧密相关的在很长时间被视为是一个基础性概念的"无穷小量"已经隐含在古希腊学者芝诺（Zeno，约公元前490— 前430年）的学说中。芝诺在考虑时间和空间是否无限可分的问题时，提出了四个著名的"芝诺悖论"：二分说、阿基里斯追龟说、飞矢不动说和运动场悖论说。正如美国数学史家贝尔（Bell）所说，芝诺这四个悖论"以非数学的语言，记录下了最早同连续性和无限性格斗的人们所遭遇到的困难"。

公元前5世纪，希腊数学家安提丰（Antiphon）在研究古希腊"三大作图问题" 之一的化圆为方问题时创立了割圆术。后来该方法被欧多克索斯（Eudoxus，约公元前400— 约前

347 年）发展成为求解面积和体积等问题的一般方法，这就是著名的“穷竭法”。数学之神阿基米德（Archimedes，公元前 287— 前 212 年）非常成功地利用穷竭法解决了很多面积的问题，几乎已经触及到近代极限理论。

我国古代《墨经》中载有“穷，或有前，不容尺也”，《庄子・天下》中有“一尺之棰，日取其半，万世不竭”，都隐含了朴素的极限思想。公元 3 世纪，我国古代著名数学家刘徽创立“割圆术”，包含了深刻的极限思想。

第二阶段，神秘的极限思想（牛顿 — 柯西）

随着微积分学的诞生，极限作为数学的一个概念被数学家们明确提了出来。但是极限概念的内涵却是含糊不清的。最早试图明确定义和严格处理极限概念的数学家正是微积分学的创始人之一牛顿。牛顿在创立微积分之初，也是借助于“瞬”这一模糊的无穷小量为基础。但在 1676 年完成的《论曲线的求积》（部分发表于 1693 年，全文发表于 1704 年）中，已经对微积分的基础在观念上发生了改变。在其名著《自然哲学的数学原理》（1687）中提出了“最初与最终比”这一具有极限的思想，尽管这一极限的概念仍然是含糊不清的。而微积分学的另一创始人莱布尼兹的微积分学理论中，无穷小量扮演了一个相当重要的角色。尤其是他的后继者伯努利兄弟，几乎把无穷小量作为了数学上的一个实体在进行演算。正是当时作为微积分学基础概念的无穷小量，在概念和性质上的含糊不清，致使来自很多对微积分的攻击和质疑，其中最强的攻击应该是英国的贝克莱主教（George Berkeley，1685—1753）。他在《分析学者，或致一个不信教的数学家。其中审查现代分析的对象、原则与推断是否比之宗教的神秘与信条，构思更为清楚，或推理更为明显》（1734）一文中，对微积分学基础的可靠性提出了强烈的质疑。在一定程度上，引发了对微积分学基础的大讨论。有些数学史家称之为数学史上的第二次危机。

为了回击贝克莱主教的质疑，不少数学家参与其中。英国数学家马克劳林（Colin Maclaurin，1698—1746）在《流数论》（1742）中试图根据希腊几何和穷竭法建立流数学说。欧洲大陆的数学家们更多地把希望寄托在正在发展中的代数表达式的形式演算，而不是几何。最重要的代表就是 18 世纪最伟大的数学家欧拉。他拒绝无穷小量概念，也拒绝把几何作为微积分学的基础。他以纯粹形式地研究函数，从代数（分析）表达式来进行论证。欧拉的形式化方法最大贡献在于把微积分从古希腊欧几里得构筑起来的几何王国中解放出来，而使其建立在算术和代数的基础上，为基于实数系统的微积分学理论开辟了道路。欧拉的书籍成为当时的标准课本。

在使微积分学严密化的大量努力中，仅有几个数学家的路子是对的，其中最有名的是法国数学家达朗贝尔（D’Alembert，1717—1783）。他相信牛顿具有正确的思想，他仅是解释牛顿的意思，在《科学、艺术和工艺的百科全书》（1751—1780）中，达朗贝尔“微分”条目下写道：“牛顿从未把微分学当做无穷小量的计算，而是作为最初比和最终比的方法，即求出这些比的极限的一种方法”。他在另一篇论文中指出：“极限，极限论是微积分的真正抽象”。从而更明确地将极限这一概念作为了微分学的基础概念，但那时极限概念仍然是含糊的。

第三阶段，严密的极限思想（柯西 — 魏尔斯特拉斯）

对微积分学的严密化探索，最终落在了法国数学家柯西和德国数学家魏尔斯特拉斯

(Weierstrass,1815—1897) 身上。其实,在对微积分学的基本概念作较严格的阐述,即微积分的算术化和无限性的审慎研究中,其先驱者之一是波希米亚数学家波尔察诺(Bolzano,1781—1848)。波尔察诺在《纯粹分析证明》(1817) 中表达的观点已经指出了微积分学最终表述的方向。可惜,这些观点对微积分学的进程并未起到决定性的影响。因为他的工作大部分湮没无闻,直到半个多世纪以后,才被赫尔曼 · 汉克尔所发现。

然而幸运地,柯西几乎在同一时期获得了类似的研究成果,并且成功地以这些观点奠定了微积分学的基础。柯西在《分析教程》(1821) 中,对极限的这一概念做出了实质性的、建立在算术基础上的叙述。即定义为:

"a_n 与常数 A 的差可以任意小。更准确地说,a_n 与常数 A 差的绝对值可以变为而且保持小于任意给定的量"。

哥西以极限的这一算术定义为基础,进而定义那个难以理解的无穷小量为"人们认为它是一个变量,其绝对值无限地减小而收敛于零"。并以此定义了连续、导数、积分等概念,为此可将柯西看作在近代意义下严格微分学的奠基者。尽管如此,柯西对极限概念的一些叙述诸如"无限地趋近","要怎样小就怎样小","无限小增量的最后比" 等的理解,却需要以极限的方法来领会。另外,在柯西的叙述中,还存在一些逻辑缺陷。其中之一是涉及无穷集合的概念,这主要留给德国数学家康托尔去完成。另外一个问题主要是无理数定义的恶性循环,这就留待我们的微积分学严密化的主角魏尔斯特拉斯了,他为了消除柯西定义中的变为而且保持小于任意给定的量这句话的不明确性,于1860 年左右在柏林大学的讲义中给出的现今教科书中所采用的极限标准定义:$\varepsilon - N$ 定义,终于完成了极限的 $\varepsilon - \delta$ 方法。

第四阶段,发展的极限思想(魏尔斯特拉斯 — 鲁宾逊)

从公元前5 世纪芝诺提出悖论以来,数学家们花了两千多年的时间,终于把微积分学的基础建立在严格的极限概念这一基石上,无穷小量仅是一个特殊的极限。从而彻底解决了无穷小量带来的困扰。但是,世界永不停息。在魏尔斯特拉斯对分析学进行严密化平息第二次数学危机之后,康托尔在无穷集合理论上再次掀起数学史上的第三次危机,更加广泛地涉及数学的基础问题。集合论的产生,宣布了现代数学的开始。然而,与我们这里的主题有关的是,美国数学家鲁宾逊(Robinson,1918—1974) 于1960 年建立了非标准分析,引入超实数的概念,再次把无穷小量作为一个数学的基础概念,犹如当初莱布尼兹阐述的那样。这恰是给两位奠基人牛顿和莱布尼兹关于微积分学发明权的争论作了一个绝佳的注释。

三、导数概念的基本思想

导数概念的出现,是在探索第一类问题(已知物体移动的距离表为时间的函数的公式,求物体在任意时刻的速度和加速度) 和第二类问题(求曲线的切线问题) 中产生的。

关于求曲线的切线方法,在牛顿和莱布尼兹之前已经出现一些解法。早在古希腊阿基米德就似乎利用了运动学合力分解的原理求出称为"阿基米德螺线" 的切线。罗伯瓦尔(Roberval,1602—1675) 在他的《不可分法论》(1634 年) 推广了阿基米德的方法,他利用了伽利略(Galileo,1564—1642) 的合力分解法则。伽利略的学生托里拆利(Torricelli,

1608—1647）应用罗伯瓦尔的方法，求出了曲线 $y = x^n$ 的切线。费尔马（Fermat）在《求最大值和最小值的方法》（1637）中出现的方法，几乎已经接近现在微积分教科书上的表述。费尔马应用他的切线方法解决了许多难题。这个方法的理论基础完全依赖于极限概念，但那时却没有这一概念。不过，已经完全具备了微分学现在的标准形式。巴罗（Barrow，1630—1677）是牛顿的老师，在《几何讲义》（1669）中利用微分三角形计算曲线的切线，其实质与费尔马的方法一致。尽管费尔马的方法已经触及了导数的概念，但他既没有给它命名，又没有引入任何特定符号表示。

牛顿在 1666 年 10 月整理的《流数简论》（1666）是历史上第一篇系统的微积分文献。他在《运用无穷多项方程的分析学》（1669）给出了求一个变量对于另一个变量的瞬时变化率的普遍方法。在《流数法和无穷级数》（1671）中把变量称为流，变量的变化率称作流数，即现在的导数概念。更加清楚地阐述了微积分学基本问题。在《求曲边形的面积》中提出了新概念：最初和最后比的方法。可惜，牛顿这些著作没有及时公开发表。包括他微积分的第一本书却是他的巨著《自然哲学的数学原理》（1687），而他的流数理论最早发表在沃利斯（Wallis，1616—1703）的《代数》（1693）中。

莱布尼兹却是在 1684 年起发表微积分论文。1673 年左右，他已经看到了求曲线切线的问题及反问题之间的关系，即微积分学基本问题。莱布尼兹的微积分是以微分概念为基础，把导数看作微分之比。

达朗贝尔是看出牛顿的最初和最后比在本质上具有正确导数概念的第一人，他在《科学、艺术和工艺的百科全书》（1751—1780）中提出关于导数是增量之比的极限观点，已经接近现代导数概念，但他的思想仍受几何直观的束缚。拉格朗日在《解析函数论》（1797）中首次给出“导数”这一名称，并用符号 $f'(x)$ 表示。波尔察诺是第一个把 $f(x)$ 的导数定义为当 Δx 经由负值和正值趋于 0 时，比 $\dfrac{f(x + \Delta x) - f(x)}{\Delta x}$ 无限接近地趋向量 $f'(x)$。柯西在《无穷小分析教程概论》（1823 年）中用与波尔察诺同样的方式定义导数。他通过把 dx 定义为任一有限量而把 dy 定义为 $f'(x)dx$，从而把导数概念和莱布尼兹的微分概念统一起来。最后，魏尔斯特拉斯在 19 世纪 60 年代创造了 $\varepsilon - \delta$ 语言，利用极限概念重新定义了各个概念，导数概念也获得了现代定义。

第二节　供求原理

一、需求的基本概念

1. 欲望与需求

欲望（Wants），是指人的需求 —— 包括两个方面：对某种产品既有缺乏的感觉，又有满足的愿望，二者一起产生欲望。它是人类一切经济活动的原动力。

美国著名的心理学家马斯洛在《动机与人格》一书中把人的欲望分为五个层次：

生理需要：包括对衣食住行等基本生活条件的需要，这是人类最基本欲望。

安全需要:指对现在和未来生活安全感的需要,这是生理需要的延伸。

社交需要:即归属和爱的需要,是作为社会人的需要,在自己的团体里求得一席之地,以及与别人建立友情。这种欲望产生于人的社会性欲望。

尊重需要:包括自尊和来自别人的自尊,包括对获得信心、能力、本领、成就、独立和自由等的愿望;来自他人的尊重,包括威望、承认、接受、关心、地位、名誉和赏识。这是人更高层次的欲望。

自我实现需要:这是成长、发展自己潜在能力的需要,追求和实现自己理想与抱负的欲望。这是人类最高层次的欲望。

由欲望的动机产生具体的需求(Demand),记为 D。

2. 需求函数基本概念

【定义 2.1】需求量(Quantity Demand)Q_d:是指消费者在各种可能的价格下,对某种产品愿意并且能够购买的数量。

【定义 2.2】需求价格 P:指在特定时间内,消费者对一定数量的产品所愿意支付的最高价格。

【定义 2.3】需求价格函数:假定当其他条件不变时,需求量仅是产品自身价格 P 的函数,称为需求价格函数,记为:$Q_d = f(P)$。

【定义 2.4】需求函数:一般地,设影响需求量 Q_d 的因素向量 $x = (x_1, x_2, \cdots, x_n)$,称需求量 Q_d 与因素 $x_1, x_2, \cdots, x_n$ 的函数为需求函数,记为:$Q_d = f(x) = f(x_1, x_2, \cdots, x_n)$。

【定义 2.5】边际需求(Marginal Demand):指在原有价格 P 的基础上,再增加 1 个单位价格所引起的需求量的变化量 $\Delta Q_d = f(P+1) - f(P)$。假定单位价格可以无限小时,可以利用导数来表示边际需求。记为:

$$MD(P) = \lim_{\Delta P \to 0} \frac{f(P + \Delta P) - f(P)}{\Delta P} = \frac{\mathrm{d}Q_d}{\mathrm{d}P} = f'(P)$$

【定义 2.6】平均需求(Average Demand):指每单位价格的变动所引起的平均需求量的变化量。记为:

$$AD(P) = \frac{Q_d}{P}$$

3. 常见需求函数

(1) 线性需求价格函数,是最简单需求函数,一般形式为:

$$Q_d = f(P) = a_0 - a_1 P \qquad (a_0, a_1 > 0)$$

但实证分析表明,需求价格函数通常是非线性的,如:二次函数、分式函数、幂函数、指数函数、对数函数和三角函数等基本初等函数。

【例1】若一种产品,随着自身价格 P 的提高,需求量 Q_d 以递增的速度减少。其需求价格函数为:

$$Q_d = f(P) = a_0 - a_1 P - a_2 P^2 \qquad (a_0, a_1, a_2 > 0)$$

【例2】若商品 1 的需求量 Q_1 不仅受自身价格 P_1 的影响,还受商品 2 的价格 P_2 的影响。则需求价格函数为:

$$Q_{d1}=f(P_1,P_2)$$

一般地,商品 1 的需求量 Q_1 除受自身价格 P_1 的影响外,还受商品其余 $n-1$ 中商品的价格 $P_2,P_3,\cdots,P_n$ 的影响。则需求价格函数为:

$$Q_{d1}=f(P_1,P_2,\cdots,P_n)。$$

(2) 需求交叉函数

【定义 2.7】需求交叉函数:指假定其他因素不变,某种商品 X 仅仅由于相关商品 Y 的价格变动引起商品 X 的需求量 Q_{dX} 的变动。

线性需求交叉函数为:

$$Q_{dX}=f(P_Y)=a_0\pm a_1P_Y \quad (a_0,a_1>0)$$

一般地,商品 X 仅仅由于相关商品向量 $Y=(y_1,y_2,\cdots y_n)$ 的价格变动引起商品 X 的需求量 Q_{dX} 的变动。则需求交叉函数为:

$$Q_{dX}=f(P_Y)=f(P_{y_1},P_{y_2},\cdots,P_{y_n})$$

(3) 需求收入函数

【定义 2.8】需求收入函数:指假定其他因素不变,某种产品 X 仅仅由于家庭收入 I 变动所引起的产品 X 的需求量 Q_d 的变动。

线性需求收入函数为:

$$Q_d=f(I)=a_0+a_1I \quad (a_0,a_1>0)$$

从经济学角度,需求收入函数不存在反函数(为什么?)。

【例 3】若商品 1 的需求量 Q_1 不仅受自身价格 P_1 的影响,还受商品 2 的价格 P_2 和收入 I 的影响。则需求价格函数为:

$$Q_{d1}=f(P_1,P_2,I)$$

特别地,$Q_d=K_1P_1^{a_{11}}P_2^{a_{12}}I^{b_1}$ 称为不变弹性需求函数,其中 a_{11},a_{12},b_1 是弹性系数。

4. 需求弹性

(1) 需求价格弹性

【定义 2.9】需求价格弹性(Price Elasticity of Demand, E_{dp}):指一种商品自身价格的相对变动 $\frac{\Delta P}{P}$ 所引起的需求量的相对变动 $\frac{\Delta Q_d}{Q_d}$;换句话说,需求价格弹性是需求量的变化率 $\frac{\mathrm{d}Q_d}{Q_d}$ 与价格变化率 $\frac{\mathrm{d}P}{P}$ 之比。记为:

$$E_{dp}=\frac{\frac{\Delta Q_d}{Q_d}}{\frac{\Delta P}{P}}=\frac{\Delta Q_d}{\Delta P}\cdot\frac{P}{Q_d}$$

当 $\Delta P\to 0$ 时,可以利用导数的概念对价格弹性定义为:

$$E_{dp}=\lim_{\Delta P\to 0}\frac{\Delta Q_d}{\Delta P}\cdot\frac{P}{Q_d}=\frac{\mathrm{d}Q_d}{\mathrm{d}P}\cdot\frac{P}{Q_d}=\frac{\frac{\mathrm{d}Q_d}{Q_d}}{\frac{\mathrm{d}P}{P}}=\frac{\frac{\mathrm{d}Q_d}{\mathrm{d}P}}{\frac{Q_d}{P}}$$

其中：Q_d 为需求量；

ΔQ_d 为需求量的变动量；

P 为商品自身价格；

ΔP 为商品自身价格的变动量。

根据定义，价格弹性还是边际需求（$\frac{dQ_d}{dP}$）与平均需求（$\frac{Q_d}{P}$）的比值。

根据需求规律（需求量与价格成反向变动），一般需求价格弹性 $E_{dp} < 0$；但习惯上研究其绝对值 $|E_{dp}|$。

【需求价格弹性的分类】根据 $|E_{dp}|$ 的大小，可将需求价格弹性分为五种：

(1) $0 < |E_{dp}| < 1$，缺乏弹性（Inelasticity）：表示价格的变动，只引起需求量较小程度的变动；这时需求量的变动幅度小于价格变动幅度。比如：生活必需品（柴、米、油、盐等）。

(2) $1 < |E_{dp}| < \infty$，富有弹性（Elasticity）：表示价格的变动，会引起需求量较大程度的变动；此时需求量的变动幅度大于价格变动幅度。比如：高档奢侈品（珠宝、首饰、化妆品等）。

(3) $|E_{dp}| = 1$，单一弹性（Unitary Elasticity）：表示价格的变动，仅引起需求量同等程度的变动；此时需求量的变动幅度和价格的变动幅度相等。比如：家庭规定对某种商品的消费支出额是一定的，价格涨，就少消费；价格跌，就多消费。

(4) $|E_{dp}| = \infty$，完全弹性（Perfectly Elasticity）：表示价格的变动，会引起需求量无限的变动；此时价格的小幅度变动，会引起需求量的大幅度变动。比如：股票、黄金市场等。

(5) $|E_{dp}| = 0$，完全无弹性（Perfectly Inelasticity）：表示无论价格如何变动，需求量恒定不变。比如：火葬费。

【需求价格弹性的计算】价格弹性的计算方法分为：点弹性和弧弹性两种。

点弹性：指求需求价格函数曲线上某一点的弹性。适用于价格变动较小的情况。

弧弹性：指求需求价格函数曲线上某两点之间的弹性。适用于价格变动较大的情况。

【例4】设线性需求价格函数为：

$$Q_d = f(P) = a_0 - a_1 P \qquad (a_0, a_1 > 0)$$

求：(1) 点 $A(4,8)$ 和 $B(6,4)$ 的弹性；

(2) 点 $A(4,8)$ 和 $B(6,4)$ 之间的弹性；

(3) 试求弹性 $|E_{dp}| = 1$，$|E_{dp}| > 1$，$|E_{dp}| < 1$ 的点集。

解：(1) 因为线性需求价格函数是连续函数，可以利用微分概念求得。

根据需求价格弹性定义，得：

$$E_{dp} = \frac{dQ_d}{dP} \cdot \frac{P}{Q_d} = -a_1 \frac{P}{Q_d}$$

由点 $A(4,8)$ 和 $B(6,4)$，得 $Q_d = f(P) = 16 - 2P$

故点 $A(4,8)$ 的弹性 $E_{dp_A} = -a_1 \frac{4}{8} = -1$；点 $B(6,4)$ 的弹性 $E_{dp_B} = -a_1 \frac{6}{4} = -3$。

(2) 这是求弧弹性的问题。若需求价格函数不是连续函数，所求两点之间的弹性实质上也是弧弹性的问题。所用弹性定义只能是：

$$E_{dp} = \frac{\Delta Q_d}{\Delta P} \cdot \frac{P}{Q_d}$$

其中 $\Delta P = P_B - P_A = 6 - 4 = 2, \Delta Q_d = Q_{dB} - Q_{dA} = 4 - 8 = -4$。但现在的问题是：$\frac{P}{Q_d}$ 中的 P、Q_d 该选择哪一个值？

方法一（中点法）：采取 A 和 B 的中点。

$$E_{dp_{AB}} = \frac{\Delta Q_d}{\Delta P} \cdot \frac{P}{Q_d} = \frac{\Delta Q_d}{\Delta P} \cdot \frac{\frac{1}{2}(P_A + P_B)}{\frac{1}{2}(Q_{dA} + Q_{dB})} = \frac{\Delta Q_d}{\Delta P} \cdot \frac{(P_A + P_B)}{(Q_{dA} + Q_{dB})} = -1.67$$

方法二（低点法）：采用价格变动前后价格和需求量 P、Q_d 的较低值。

$$E_{dp_{AB}} = \frac{\Delta Q_d}{\Delta P} \cdot \frac{P}{Q_d} = -2 \times \frac{P_A}{Q_{d_B}} = -2 \times \frac{4}{4} = -2$$

方法三（对数法）：

$$E_{dp} = \frac{\frac{\mathrm{d}Q_d}{Q_d}}{\frac{\mathrm{d}P}{P}} = \frac{\mathrm{d}(\ln Q_d)}{\mathrm{d}(\ln P)} = \frac{\ln Q_{d_B} - \ln Q_{d_A}}{\ln P_B - \ln P_A} = \frac{\ln 4 - \ln 8}{\ln 6 - \ln 4} = -1.71$$

（3）由定义得：

$$|E_{dp}| = \left|\frac{\mathrm{d}Q_d}{\mathrm{d}P} \cdot \frac{P}{Q_d}\right| = \left|-a_1 \frac{P}{a_0 - a_1 P}\right| = \left|\frac{1}{1 - \frac{a_0}{a_1} \cdot \frac{1}{P}}\right|$$

则 $|E_{dp}| = 1 \Leftrightarrow \left|1 - \frac{a_0}{a_1} \cdot \frac{1}{P}\right| = 1$，得 $P = \frac{a_0}{2a_1}$，从而得 $Q_d = a_0 - a_1 \frac{a_0}{2a_1} = \frac{a_0}{2}$，即中点 $(\frac{a_0}{2a_1}, \frac{a_0}{2})$。

$|E_{dp}| > 1 \Leftrightarrow \left|1 - \frac{a_0}{a_1} \cdot \frac{1}{P}\right| < 1 \Leftrightarrow 1 < \frac{a_0}{a_1} \cdot \frac{1}{P} < 2 \Leftrightarrow \frac{a_0}{2a_1} < P < \frac{a_0}{a_1}$，对应得 $0 < Q_d < \frac{a_0}{2}$。

$|E_{dp}| < 1 \Leftrightarrow \left|1 - \frac{a_0}{a_1} \cdot \frac{1}{P}\right| > 1 \Leftrightarrow \frac{a_0}{a_1} \cdot \frac{1}{P} > 2 \Leftrightarrow 0 < P < \frac{a_0}{2a_1}$，对应得 $\frac{a_0}{2} < Q_d < a_0$。

【例 5】设（非线性）双曲需求函数为：

$$Q_d = kP^{-E}$$

其中 K、E 为常数。试求该需求函数的价格弹性。

解：
$$E_{dp} = \frac{\mathrm{d}Q_d}{\mathrm{d}P} \cdot \frac{P}{Q_d} = -EkP^{-E-1} \cdot \frac{P}{kP^{-E}} = -E$$

可见，不论 P、Q_d 如何变化，双曲需求函数的弹性系数恒为常数（$|E_{dp}| = E$），称不变弹性（Constant Elasticity）。当 $E = 1$ 时，$|E_{dp}| = 1$，称为单一弹性（Unitary Elasticity）。

(2) 弹性的一般概念

【定义 2.10】弹性:一般地,设一元经济函数 $y=f(x)$,则定义 y 对于 x 的弹性为:

$$E_{y_x}=\lim_{\Delta P\to 0}\frac{\Delta y}{\Delta x}\cdot\frac{x}{y}=\frac{\mathrm{d}y}{\mathrm{d}x}\cdot\frac{x}{y}=\frac{\frac{\mathrm{d}y}{y}}{\frac{\mathrm{d}x}{x}}=\frac{\mathrm{d}(\ln y)}{\mathrm{d}(\ln x)}=\frac{\frac{\mathrm{d}y}{\mathrm{d}x}}{\frac{y}{x}}$$

由弹性定义知:弹性是度量自变量 x 的相对变化($\frac{\mathrm{d}x}{x}$) 所引起的函数值 y 的相对变化($\frac{\mathrm{d}y}{y}$) 程度;或是度量自变量 x 的自然对数变化($\mathrm{d}(\ln x)$) 所引起的函数值 y 的自然对数变化($\mathrm{d}(\ln y)$) 程度;或是度量边际函数($\frac{\mathrm{d}y}{\mathrm{d}x}$) 与平均函数($\frac{y}{x}$) 的比值。

一般地,设 n 元经济函数 $y=f(x)=f(x_1,x_2,\cdots,x_n)$,则定义 y 对于 $x_i(i=1,2,\cdots,n)$ 的弹性为:

$$E_{y_x}=\lim_{\Delta P\to 0}\frac{\Delta y}{\Delta x_i}\cdot\frac{x_i}{y}=\frac{\frac{\partial y}{\partial x_i}}{\frac{y}{x_i}}=\frac{\frac{\partial y}{y}}{\frac{\partial x_i}{x_i}}=\frac{\partial(\ln y)}{\partial(\ln x_i)}\ (i=1,2,\cdots,n)$$

【练习】假设两个经济函数 $y_1=f_1(x)$ 和 $y_2=f_2(x)$ 可微,试求:

(1) 函数 $y=y_1\cdot y_2$ 对于 x 的弹性;

(2) 函数 $y=\frac{y_1}{y_2}$ 对于 x 的弹性;

(3) 函数 $y=f(g(x))$ 对于 x 的弹性,其中 $y=f(u)$ 和 $u=g(x)$ 可微。

分析:(1) $E_{y_x}=\frac{\mathrm{d}(\ln y)}{\mathrm{d}(\ln x)}=\frac{\mathrm{d}\ln y_1+\mathrm{d}\ln y_2}{\mathrm{d}(\ln x)}=E_{y_{1x}}+E_{y_{2x}}$

(2) $E_{y_x}=\frac{\mathrm{d}(\ln y)}{\mathrm{d}(\ln x)}=\frac{\mathrm{d}\ln y_1-\mathrm{d}\ln y_2}{\mathrm{d}(\ln x)}=E_{y_{1x}}-E_{y_{2x}}$

(3) $E_{y_x}=\frac{\mathrm{d}y}{\mathrm{d}x}\cdot\frac{x}{y}=\frac{\mathrm{d}f(g(x))}{\mathrm{d}x}\cdot\frac{x}{y}=\frac{\mathrm{d}f(u)}{\mathrm{d}u}\frac{\mathrm{d}u}{\mathrm{d}x}\cdot\frac{x}{f(u)}\frac{u}{u}=\frac{\mathrm{d}f(u)}{\mathrm{d}u}\frac{u}{f(u)}\cdot\frac{\mathrm{d}u}{\mathrm{d}x}\frac{x}{u}$

$=E_{y_u}\cdot E_{u_x}$

【例6】假设需求交叉函数 $Q_{dX}=f(P_Y)$,试求:需求交叉弹性 E_{X_Y}。

解:根据弹性的定义,得需求交叉弹性 E_{X_Y} 为:

$$E_{X_Y}=\lim_{\Delta P_Y\to 0}\frac{\Delta Q_{dx}}{\Delta P_Y}\cdot\frac{P_Y}{Q_{dx}}=\frac{\mathrm{d}Q_{dx}}{\mathrm{d}P_Y}\cdot\frac{P_Y}{Q_{dx}}=\frac{\mathrm{d}\ln Q_{dx}}{\mathrm{d}\ln P_Y}$$

需求交叉弹性 E_{X_Y} 是度量商品 Y 的价格 P_Y 变动对商品 X 的需求量 Q_{dX} 的影响程度。

【商品关系分类】根据需求交叉弹性 E_{X_Y} 的正负,对两种商品之间的关系分为:

(1) $E_{X_Y}>0$(替代品):表示当商品 Y 的价格 P_Y 上涨时,商品 X 的需求量也增加;说明消费者会将购买商品 Y 的部分支出转向购买商品 X,从而替代商品 Y。如:猪肉与牛肉。

(2) $E_{X_Y}<0$(互补品):表示当商品 Y 的价格 P_Y 上涨时,商品 X 的需求量却减少;说明

消费者在减少商品 Y 的消费的同时，也减少了商品 X 的消费。如：汽车与汽油。

(3) $E_{X_Y} \to 0$（无关品）：表示当商品 Y 的价格 P_Y 上涨时，商品 X 的需求量几乎没有什么变化；说明消费者在减少商品 Y 的消费时，对商品 X 的消费没有影响。

【例 7】假设需求收入函数 $Q_{dI} = f(I)$，I 为收入，试求需求收入弹性 E_{dI}。

$$E_{dI} = \lim_{\Delta I \to 0} \frac{\Delta Q_{dI}}{\Delta I} \cdot \frac{I}{Q_{dI}} = \frac{\mathrm{d}Q_{dI}}{\mathrm{d}I} \cdot \frac{I}{Q_{dI}} = \frac{\mathrm{d}\ln Q_{dI}}{\mathrm{d}\ln I}$$

需求收入弹性 E_{dI} 是度量随收入 I 变动，对商品需求量变动的影响程度；也度量该商品市场的增长潜力大小。

【商品分类】利用需求收入弹性 E_{dI} 的大小对商品进行分类为：

(1) $E_{dI} > 0$（正常品）：表示随着收入 I 的提高，商品的需求量 Q_{dI} 也增加。

正常品可再分为：

当 $E_{dI} > 1$（奢侈品）：表示收入 I 的小幅提高，商品的需求量 Q_{dI} 有大幅增加；

当 $0 < E_{dI} < 1$（必需品）：表示收入 I 的提高，商品的需求量 Q_{dI} 有较小幅度的增加。

(2) $E_{dI} < 0$（劣等品）：表示随着收入 I 的提高，商品的需求量 Q_{dI} 反而减少。

【例 8】已知（不变弹性）需求函数 $Q_{d1} = f(P_1, P_2, I) = KP_1^{a_{11}}P_2^{a_{12}}I^{b_1}$，$a_{11}, a_{12}, b_1, K$ 为常数，P_1, P_2 分别为商品 1 和商品 2 的价格，I 是收入。试求：

(1) 商品 1 的需求量 Q_{d1} 对自身价格 P_1 的需求价格弹性 E_{dP_1}；

(2) 商品 1 的需求量 Q_{d1} 对商品 2 的价格 P_2 的需求交叉价格弹性 $E_{dP_{12}}$；

(3) 商品 1 的需求量 Q_{d1} 对收入 I 的需求收入弹性 E_{dI_1}。

解：(1) 商品 1 的需求价格弹性 E_{dP_1} 为：

$$E_{dP_1} = \frac{\dfrac{\partial Q_{d1}}{\partial P_1}}{\dfrac{Q_{d1}}{P_1}} = \frac{\partial(\ln Q_{d1})}{\partial(\ln P_1)}$$

其中，

$$\ln Q_{d1} = \ln(KP_1^{a_{11}}P_2^{a_{12}}I^{b_1}) = \ln K + a_{11}\ln P_1 + a_{12}\ln P_2 + b_1\ln I$$

称上式为（等弹性）对数线性需求函数。则

$$E_{dP_1} = \frac{\partial(\ln Q_d)}{\partial(\ln P_1)} = a_{11}$$

(2) 商品 1 的需求量 Q_{d1} 对商品 2 的价格 P_2 的需求交叉弹性 $E_{dP_{12}}$ 为：

$$E_{dP_{12}} = \frac{\partial Q_{d1}}{\partial P_2} \cdot \frac{P_2}{Q_{d1}} = \frac{\partial \ln Q_{d1}}{\partial \ln P_2} = a_{12}$$

(3) 商品 1 的需求量 Q_{d1} 对收入 I 的需求收入弹性 E_{dI_1} 为：

$$E_{dI_1} = \frac{\partial \ln Q_{dI}}{\partial \ln I} = b_1$$

可见 a_{11}, a_{12}, b_1 分别是商品 1 的需求价格弹性 E_{dP_1}、需求交叉弹性 $E_{dP_{12}}$ 和需求收入弹性 E_{dI_1}，而且都是常数。这就解释了（不变弹性）需求函数的名称。

【练习】已知猪肉的需求函数为 $Q_{d1} = 4350 - 5P_1 + 10P_2 + 0.1I$，其中 P_1：猪肉的价

格；P_2：牛肉的价格；I：收入。当前猪肉的价格 $P_1^* = 10$，牛肉的价格 $P_2{}^* = 20$，收入 $I^* = 5000$。

(1) 求猪肉需求收入弹性，并解释其经济含义；

(2) 求猪肉需求交叉弹性，确定猪肉和牛肉之间的关系；

(3) 若牛肉价格上涨 10%，求猪肉需求量的变化率。

分析：(1) 根据已知，得当前猪肉的需求量 Q_{d1} 为：

$$Q_{d1} = 4350 - 5 \times 10 + 10 \times 20 + 0.1 \times 5000 = 5000$$

猪肉需求收入弹性 E_{dI} 为：

$$E_{dI} = \frac{\partial Q_{d1}}{\partial I} \cdot \frac{I}{Q_{d1}} \bigg|_{(P_1^*, P_2^*, I^*)} = 0.1 \cdot \frac{5000}{5000} = 0.1$$

由于 $0 < E_{dI} = 0.1 < 1$，说明猪肉是必需品。猪肉对收入缺乏弹性，说明市场的增长潜力是有限的。

(2) 猪肉需求交叉弹性 $E_{dP_{12}}$ 为：

$$E_{dP_{12}} = \frac{\partial Q_{d1}}{\partial P_2} \cdot \frac{P_2}{Q_{d1}} \bigg|_{(P_1^*, P_2^*, I^*)} = 10 \times \frac{20}{5000} = 0.04$$

由于 $E_{dP_{12}} = 0.04 > 0$，说明猪肉与牛肉是替代品。

(3) 已知牛肉价格上涨 10%，即 $\frac{\partial P_2}{P_2} = 10\%$；由需求交叉弹性

$$E_{dP_{12}} = \frac{\partial Q_{d1}}{\partial P_2} \cdot \frac{P_2}{Q_{d1}} = \frac{\dfrac{\partial Q_{d1}}{Q_{d1}}}{\dfrac{\partial P_2}{P_2}}$$

得猪肉需求量的变化率为：

$$\frac{\partial Q_{d1}}{Q_{d1}} = E_{dP_{12}} \cdot \frac{\partial P_2}{P_2} = 0.04 \times 0.1 = 0.4\%$$

故若牛肉价格上涨 10%，则猪肉需求量的变化率为 0.4%。

二、供给的基本概念

1. 生产与供给

生产是通过劳动改变物质的性能，提供人类生存所需要产品的基本人类实践活动。其中产品分为有形的物品和无形的服务。

供给(Supply)：指生产者在某一特定时期内，在每一价格水平上愿意并且能够提供的一定数量的商品或劳务，记为 S。

2. 供给价格函数

【定义 2.11】供给量(Quantity Supply) Q_s：指在各种可能的价格下，生产者对某种产品愿意并能够销售的数量。

【定义 2.12】供给价格 P：在特定时间内，企业对一定数量的产品所愿意出售的最低价格。

【定义2.13】供给价格函数：假定其他条件不变，供给量仅是自身价格P的函数，称为供给价格函数。记为：$Q_s = f(P)$。

【定义2.14】供给函数：一般地，设影响供给量Q_s的因素向量$x = (x_1, x_2, \cdots, x_n)$，称供给量$Q_s$与因素$x_1, x_2, \cdots, x_n$的函数为供给函数，记为：$Q_s = f(x) = f(x_1, x_2, \cdots, x_n)$。

【定义2.15】边际供给（Marginal Supply）：指在原有价格P的基础上，再增加1个单位价格所引起的供给量的变化量$\Delta Q_s = f(P+1) - f(P)$。假定单位价格可以无限小时，可以利用导数来表示边际供给。记为：

$$MS(P) = \lim_{\Delta P \to 0} \frac{f(P + \Delta P) - f(P)}{\Delta P} = \frac{\mathrm{d}Q_s}{\mathrm{d}P} = f'(P)$$

【定义2.16】平均供给（Average Supply）：指每单位价格的变动所引起的平均供给量的变化量。记为：

$$AS(P) = \frac{Q_S}{P}$$

3. 供给弹性

【定义2.17】供给价格弹性（Price Elasticity of Supply, E_{sp}），指一种商品自身价格的相对变动$\frac{\Delta P}{P}$所引起的供给量的相对变动$\frac{\Delta Q_s}{Q_s}$；换句话说，需求价格弹性是供给量的变化率$\frac{\mathrm{d}Q_s}{Q_s}$与价格变化率$\frac{\mathrm{d}P}{P}$之比。记为：

$$E_{sp} = \frac{\frac{\Delta Q_s}{Q_s}}{\frac{\Delta P}{P}} = \frac{\Delta Q_s}{\Delta P} \cdot \frac{P}{Q_s}$$

当$\Delta P \to 0$时，可以利用导数的概念对价格弹性定义为：

$$E_{sp} = \lim_{\Delta P \to 0} \frac{\Delta Q_s}{\Delta P} \cdot \frac{P}{Q_s} = \frac{\mathrm{d}Q_s}{\mathrm{d}P} \cdot \frac{P}{Q_s} = \frac{\frac{\mathrm{d}Q_s}{\mathrm{d}P}}{\frac{Q_s}{P}} = \frac{\frac{\mathrm{d}Q_s}{Q_s}}{\frac{\mathrm{d}P}{P}} = \frac{\mathrm{d}(\ln Q_s)}{\mathrm{d}(\ln P)}$$

其中：Q_s为供给量；

ΔQ_s为供给量的变动量；

P为商品自身价格；

ΔP为商品自身价格的变动量。

根据定义，价格弹性还是边际供给（$\frac{\mathrm{d}Q_s}{\mathrm{d}P}$）与平均供给（$\frac{Q_s}{P}$）的比值。

根据供给规律（需求量与价格成正向变动），一般供给价格弹性$E_{sp} > 0$。

【供给价格弹性分类】根据$|E_{sp}|$的大小，可将供给价格弹性分为五种：

当$0 < |E_{sp}| < 1$时，称为供给缺乏弹性；

当$1 < |E_{sp}| < +\infty$时，称为供给富有弹性；

当$|E_{sp}|=1$时,称为供给单一弹性;

当$|E_{sp}|=+\infty$时,称为供给完全弹性;

当$|E_{sp}|=0$时,称为供给完全无弹性。

【练习】已知线性供给函数为:

$$Q_s=f(P)=b_0+b_1P,(b_0,b_1\text{为常数},b_1\geqslant 0)$$

试求:(1) 线性供给价格弹性$|E_{sp}|$;

(2) 讨论$E_{sp}=1,0<E_{sp}<1,E_{sp}>1,E_{sp}=+\infty,E_{sp}=0$成立的条件。

分析:(1) 线性供给价格弹性E_{sp}为:

$$E_{sp}=\frac{dQ_s}{dP}\cdot\frac{P}{Q_s}=b_1\cdot\frac{P}{Q_s}=b_1\cdot\frac{P}{b_0+b_1P}=\frac{1}{1+\dfrac{b_0}{b_1P}}$$

(2) 当$E_{sp}=1=1\Leftrightarrow\dfrac{b_0}{b_1P}=0\Leftrightarrow b_0=0$,即$Q_s=b_1P$,($b_1$为常数);

当$0<E_{sp}<1\Leftrightarrow\dfrac{b_0}{b_1P}>0\Leftrightarrow b_0>0$,即$Q_s=b_0+b_1P$,($b_0$、$b_1>0$为常数);

当$E_{sp}>1\Leftrightarrow\dfrac{b_0}{b_1P}<0\Leftrightarrow b_0<0$,即$Q_s=b_0+b_1P$,($b_0<0$、$b_1>0$为常数);

当$E_{sp}=\dfrac{d(\ln Q_s)}{d(\ln P)}=+\infty\Leftrightarrow d(\ln P)=0\Leftrightarrow P=$常数;

当$E_{sp}=\dfrac{d(\ln Q_s)}{d(\ln P)}=0\Leftrightarrow d(\ln Q_s)=0\Leftrightarrow Q_s=$常数。

三、供求基本原理

1. 需求法则:需求量Q_d与需求价格P成反向变动;即需求函数曲线$Q_d=f(P)$是向下倾斜的。

需求向下倾斜规律的实质就是需求函数$Q_d=f(P)$是单调递减的;若需求函数可微,该性质可表示为:

$$\frac{dQ_d}{dP}<0$$

2. 供给法则:供给量Q_s与供给价格P成正向变动;即供给函数曲线$Q_s=f(P)$是向上倾斜的。

供给向上倾斜规律的实质就是供给函数$Q_s=f(P)$是单调递增的;若供给函数可微,该性质可表示为:

$$\frac{dQ_s}{dP}>0$$

第三节　消费选择理论

根据需求法则知,需求函数呈向下倾斜规律。为什么需求函数具有如此规律呢?要回答此问题,需要进一步探讨需求函数背后的消费者行为,即消费选择理论。

消费(Consumption)指满足需要的过程,是人们为满足欲望而使用产品的一种经济行为。消费选择问题是经济学研究的首要问题,因为它既是人类一切经济活动的动因,又是一切经济活动的归宿。

一、效用理论

1. 客观效用与主观效用

消费品(物品和劳务)能够满足人们的欲望,在于它具有效用。

劳动价值论认为:商品是使用价值和价值的统一体。其中的使用价值就是指具体劳动创造的消费品的效用,这种效用称为客观效用。

边际效用论认为:人们从消费产品中能够感觉到一定的满意程度,认为价值是一种主观心理现象,起源于效用,又以物品稀缺性为条件。这种效用称为主观效用。

主观效用与客观效用的统一:客观效用是基础和前提;主观效用是目的和归宿。客观效用易于测度和比较,主要用于宏观经济学中总需求分析;主观效用不易测度和比较,主要用于微观经济学中个量消费需求分析。

2. 基数效用与序数效用

如何分析和测度主观效用呢?

基数效用(Cardinal Utility)分析法:也称边际效用分析法,认为一种产品的效用大小,可以用基数{1,2,…}测量。效用单位记为:util。

序数效用(Ordinal Utility)分析法:也称无差异曲线分析法,认为效用作为人的主观感受,不能用基数测量,只能利用序数{第一,第二,…}表示满足喜好的偏好次序。

阅读材料

效用概念在数学思想上的进展

早在1854年,戈森就因从本质上阐述了边际效用而获得声望。他假定边际效用是任何一种特殊商品的数量和递减线性函数。15年后,杰文斯提议把效用函数表示为各种商品的效用之和,其中的效用服从边际效用递减律。艾奇沃思比杰文斯更进一步,他在《数学心理学》(1881)一书中指出,效用是关于各种商品的函数之和这一要求是一个不必要而且实为不合理的假定。因此,他建议将效用函数写成如下形式:

$$U = \varphi(x_1, x_2, \cdots, x_n)$$

其中φ是所有商品的任意联合函数。到19世纪末期,很多学者,尤其是帕累托,已经认识到作为基数量的效用即使存在,也是一个不必要且未经证实的假定。由于对消费者行为只需要作多些还是少些的比较,而不需要做多多少还是少多少的比较,所以只有序数偏好域的存在才是必要的。

——保罗·萨缪尔森《经济分析基础》

二、基数效用理论

(一) 效用函数基本概念

1. 总效用函数

根据边际效用论观点，总效用(Total Utility)函数是指消费者在一定时间内消费一种产品而获得的效用总量。记为 TU。

若只消费一种产品 X，则产品 X 的总效用函数为：$TU = U(X)$；

若同时消费 n 种产品 $X = (x_1, x_2, \cdots, x_n)$，则总效用函数为：

$$TU = U(X) = U(x_1, x_2, \cdots, x_n)$$

其中 x_i 表示第 i 种商品的消费量。

2. 边际效用函数

边际效用(Marginal Utility)函数：指在原有消费水平下，假定其他产品的消费量不变，对某产品每追加一个单位的消费所引起的总效用的变动。记为 MU。

对于一元总效用函数 $TU = U(X)$，产品 X 的边际效用函数 MU 为：

$$MU = \frac{\Delta TU}{\Delta X}$$

当消费量可以无限分割，总效用函数 $TU = U(X)$ 为连续函数时，可以利用导数来表示边际效用函数 MU 为：

$$MU = \lim_{\Delta X \to 0} \frac{\Delta TU}{\Delta X} = \frac{\mathrm{d}TU}{\mathrm{d}X}$$

对于 n 元总效用函数 $TU = U(X) = U(x_1, x_2, \cdots, x_n)$，原有消费水平为 $X^* = (x_1{}^*, x_2{}^*, \cdots, x_n{}^*)$，假定其他产品的消费量不变，仅对产品 i 再追加一个单位的消费所引起的总效用的变动，即产品 x_i 的边际效用函数 MU_{X_i} 为：

$$MU_{x_i} = \frac{\partial TU}{\partial x_i}$$

3. 常用效用函数

(1) 完全替代效用函数

$$U(X) = U(x_1, x_2, \cdots, x_n) = \sum_{i=1}^{n} \alpha_i x_i, \quad (\alpha_i > 0, i = 1, 2, \cdots, n)$$

(2) 完全互补效用函数

$$U(X) = U(x_1, x_2, \cdots, x_n) = \min_{1 \leq i \leq n} \{\alpha_i x_i\}, \quad (\alpha_i > 0, i = 1, 2, \cdots, n)$$

(3) Cobb - Douglas 效用函数

$$U(X) = U(x_1, x_2, \cdots, x_n) = \prod_{i=1}^{n} x_i^{\alpha_i}, (\alpha_i > 0,\ 0 < \sum_{i=1}^{n} \alpha_i < 1,\ i = 1, 2, \cdots, n)$$

两边取对数，得

$$\ln U(X) = \ln U(x_1, x_2, \cdots, x_n) = \sum_{i=1}^{n} \alpha_i \ln x_i$$

因此也称为对数线性型效用函数。

(4) 线性支出系统型效用函数——LES(Linear Expenditure System)

$$U(X) = U(x_1, x_2, \cdots, x_n) = A\prod_{i=1}^{n} (x_i - c_i)^{\alpha_i}$$

$$\left(A > 0, 0 < \alpha_i < 1,\ 0 < \sum_{i=1}^{n} \alpha_i < 1,\ i = 1,2,\cdots,n\right)$$

(5) 不变替代弹性效用函数——CES(Constant Ratios of Substitution)

$$U(X) = U(x_1, x_2, \cdots, x_n) = A\left[\alpha_1^{\frac{1}{\rho}} x_1^{(1-\frac{1}{\rho})} + \alpha_2^{\frac{1}{\rho}} x_2^{(1-\frac{1}{\rho})} + \cdots + \alpha_n^{\frac{1}{\rho}} x_n^{(1-\frac{1}{\rho})}\right]^{\frac{\rho}{\rho-1}},$$

$$\left(0 < \alpha_i^{\frac{1}{\rho}} < 1,\ \sum_{i=1}^{n} \alpha_i^{\frac{1}{\rho}} = 1,\ i = 1,2,\cdots,n\right)$$

(6)CES—LES 混合型效用函数

$$U(X) = U(x_1, x_2, \cdots, x_n) = A\left[\sum_{i=1}^{n} \alpha_i^{\frac{1}{\rho}} (x_i - c_i)^{(1-\frac{1}{\rho})}\right]^{\frac{\rho}{\rho-1}},$$

$$\left(\rho < 1,\ \sum_{i=1}^{n} \alpha_i^{\frac{1}{\rho}} = 1,\ i = 1,2,\cdots,n\right)$$

(二) 边际效用递减规律

边际效用递减规律:指在一定时间内,一个人消费一种产品的边际效用,随其消费量的增加而减少。

这在 Gossen(戈森) 在 1854 年的著作《人类交换规律与人类行为准则的发展》中提出,因此称为 Gossen 第一法则。利用数学表示为:

假设一元效用函数 $TU = U(X)$,边际效用递减规律表示为:

$$\begin{cases} MU = \dfrac{\mathrm{d}TU}{\mathrm{d}X} > 0 & (1) \\ \dfrac{\mathrm{d}MU}{\mathrm{d}X} = \dfrac{\mathrm{d}}{\mathrm{d}X}\left(\dfrac{\mathrm{d}TU}{\mathrm{d}X}\right) = \dfrac{\mathrm{d}^2 TU}{\mathrm{d}X^2} < 0 & (2) \end{cases}$$

其中:(1) 表示边际效用为正,效用函数 $TU = U(X)$ 是递增函数;

(2) 表示边际效用函数为递减函数,即边际效用 MU 随其消费量 X 的增加而减少,效用函数 $TU = U(X)$ 是上凸(凹) 函数。

假设 n 元效用函数 $TU = U(X) = U(x_1, x_2, \cdots, x_n)$,边际效用递减规律表示为:

$$\begin{cases} MU = \dfrac{\mathrm{d}TU}{\mathrm{d}X_i} > 0 & (1) \\ \dfrac{\partial MU}{\partial X_i} = \dfrac{\partial}{\partial X_i}\left(\dfrac{\partial TU}{\partial X_i}\right) = \dfrac{\partial^2 TU}{\partial X_i{}^2} < 0 & (2) \end{cases} \quad (i = 1,2,\cdots,n)$$

特别地,对于二元效用函数 $TU = U(X) = U(x_1, x_2)$,边际效用递减规律表示为:

$$\begin{cases} MU_i = \dfrac{\partial TU}{\partial X_i} > 0 & (1) \\ \dfrac{\partial MU_i}{\partial X_i} = \dfrac{\partial}{\partial X_i}\left(\dfrac{\partial TU}{\partial X_i}\right) = \dfrac{\partial^2 TU}{\partial X_i{}^2} < 0 & (2) \end{cases} \quad (i = 1,2)$$

其中:(1) 式表示:边际效用为正;

(2) 式表示:假定 X_2 不变,增加 X_1 的消费量会引起 X_1 的边际效用 MU_1 减少;假定 X_1 不变,增加 X_2 的消费量会引起 X_2 的边际效用 MU_2 减少。

那么二阶交叉偏导数是否具有经济含义呢?

$$\frac{\partial}{\partial X_1}\left(\frac{\partial TU}{\partial X_2}\right) = \frac{\partial^2 TU}{\partial X_1 \partial X_2} = \frac{\partial}{\partial X_1}MU_2$$

$$\frac{\partial}{\partial X_2}\left(\frac{\partial TU}{\partial X_1}\right) = \frac{\partial^2 TU}{\partial X_2 \partial X_1} = \frac{\partial}{\partial X_2}MU_1$$

第一式表示:当 X_1 发生微小变动时,所引起 X_2 的边际效用 MU_2 的变化。满足一定的条件,二式相等。即:

$$\frac{\partial^2 TU}{\partial X_1 \partial X_2} = \frac{\partial^2 TU}{\partial X_2 \partial X_1}$$

根据其值的大小,把两种商品之间的关系分类:

(1) $\dfrac{\partial^2 TU}{\partial X_1 \partial X_2} = \dfrac{\partial^2 TU}{\partial X_2 \partial X_1} < 0$(替代品):表示一种产品的边际效用随另一种产品的消费量反向变动。如:米饭与菜。

(2) $\dfrac{\partial^2 TU}{\partial X_1 \partial X_2} = \dfrac{\partial^2 TU}{\partial X_2 \partial X_1} > 0$(互补品):表示一种产品的边际效用随另一种产品的消费量同向变动。如:菜与酒。

(3) $\dfrac{\partial^2 TU}{\partial X_1 \partial X_2} = \dfrac{\partial^2 TU}{\partial X_2 \partial X_1} = 0$(无关品):表示一种产品的边际效用不受另一种产品的消费量的变化的影响。如:吃饭与穿衣。

这与根据需求交叉价格弹性 E_{X_Y} 的分类类似。

三、序数效用理论

(一) 无差异曲线概念

1. 消费者偏好公理

(1) 次序性:设 X,Y 分别表示两种商品或商品组合,则消费者可以确定对 X 的偏好大于、小于或等于 Y,三者有且只有一个成立;若对 X,Y 同样偏好,则称作无差异。

(2) 传递性:设 X,Y,Z 分别表示三种商品或商品组合。若消费者对 X 的偏好大于(小于或等于)Y,对 Y 的偏好大于(小于或等于)Z,则对 X 的偏好大于(小于或等于)Z。

(3) 单调性:对于特定的商品或商品组合,消费的数量越大,偏好越大。

2. 无差异曲线

无差异曲线:能够使消费者得到同样满足程度(同样效用)的 n 种商品消费量的不同

组合的轨迹,叫做无差异曲线。数学上表示为:

$$\{(x_1,x_2,\cdots,x_n)\mid U(x_1,x_2,\cdots,x_n)\equiv U_0\}$$

其中 U_0 为常数。

若两个效用函数有完全相同的无差异曲线,则称两个效用函数是等价的。

(二) 无差异曲线性质——边际替代率与边际替代率递减法则

根据定义,同一条无差异曲线上所有的点对应的商品组合对消费者来说是无差异的。比如,在商品 X, Y 组合的无差异曲线上,当消费者增加商品 X 的消费量时,必然会减少商品 Y 的消费量。因此,无差异曲线表现为一条由左上方向右下方倾斜的曲线,可以利用无差异曲线的斜率(边际替代率)来度量。

1. 商品边际替代率

在保持总效用不变的情况下(即:$U(x_1,\cdots,x_k,\cdots,x_l,\cdots,x_n)\equiv U_0$),消费者每增加一个单位商品 l 的消费(即:x_l+1),必须放弃消费商品 k 的数量,称为商品 l 对商品 k 的边际替代率(Marginal Rate of Substitution)。记为:MRS_{lk}。

显然,$U(x_1,\cdots,x_k-MRS_{lk},\cdots,x_l+1,\cdots,x_n)\equiv U_0$ 成立;或

$$U(x_1,\cdots,x_k-MRS_{lk},\cdots,x_l+1,\cdots,x_n)-U(x_1,\cdots,x_k,\cdots,x_l,\cdots,x_n)=0$$

【例 1】假设只有两种商品 1 和商品 2,其总效用函数为 $TU=U(x,y)$,其无差异曲线为 $U(x,y)=U_0$。已知消费者增加了商品 1 的消费量 $\Delta x=x_2-x_1$,必然减少了商品 2 的消费量 $|\Delta y|=|y_2-y_1|$。求商品 1 对商品 2 的边际替代率 MRS_{XY}。

解:根据定义得,商品 1 对商品 2 的边际替代率 MRS_{XY} 为:

$$MRS_{XY}=-\frac{\Delta y}{\Delta x}$$

【注 1】从上式可以看出,边际替代率 MRS_{XY} 实质就是无差异曲线 $U(x,y)=U_0$ 的斜率 $k=\frac{\Delta y}{\Delta x}$。因为无差异曲线是一条由左上方向右下方倾斜的曲线,因此,边际替代率为负值($\Delta x>0,\Delta y<0$)。但在研究中,常常只考虑边际替代率的绝对值 $MRS_{XY}=\left|\frac{\Delta y}{\Delta x}\right|=-\frac{\Delta y}{\Delta x}$。

【注 2】在边际替代率 MRS_{lk} 的定义中,取 $\Delta x=1$。假定 Δx 表示任意小的变动,则可以利用导数和微分来定义边际替代率 MRS_{XY}:

$$MRS_{XY}=\lim_{\Delta x\to 0}\left|\frac{\Delta y}{\Delta x}\right|=-\frac{\mathrm{d}y}{\mathrm{d}x}\bigg|_{U(x,y)=U_0}$$

【边际替代率的微分定义】

一般地,设总效用函数为 $U(X)=U(x_1,\cdots,x_k,\cdots,x_l,\cdots,x_n)$,则商品 l 对商品 k 的边际替代率(MRS_{lk})等于无差异曲线($U(x_1,\cdots,x_k,\cdots,x_l,\cdots,x_n)\equiv U_0$)上点的斜率的绝对值。记为:

$$MRS_{lk}=-\frac{\mathrm{d}x_k}{\mathrm{d}x_l}\bigg|_{U(X)=U_0}$$

【注 3】【思考】边际替代率和边际效用分别是序数效用理论的和基数效用理论的基

本概念。这两个基本概念之间是否具有联系？

【练习】设总效用函数为 $U(X)=U(x,y)$，对应的无差异曲线为 $U(x,y)=U_0$（U_0 为常数）；设 MU_X，MU_Y 表示商品 1 和商品 2 的边际效用。试证：

商品 1 对商品 2 的边际替代率等于商品 1 和商品 2 对应的边际效用之比，即：

$$MRS_{XY}=\frac{MU_X}{MU_Y}$$

【分析】对无差异曲线 $TU=U(x,y)=U_0$（U_0 为常数）取微分，得：

$$\mathrm{d}TU=\frac{\partial U}{\partial x}\mathrm{d}x+\frac{\partial U}{\partial y}\mathrm{d}y=0$$

变形得：

$$-\frac{\partial U}{\partial y}\mathrm{d}y=\frac{\partial U}{\partial x}\mathrm{d}x$$

其中：$\frac{\partial U}{\partial x}\mathrm{d}x$，$\frac{\partial U}{\partial y}\mathrm{d}y$ 表示商品 1 和商品 2 对应的消费量的微小变动 $\mathrm{d}x$，$\mathrm{d}y$ 所引起的总效用 $TU=U(x,y)$ 的变动。显然，

$$-\left.\frac{\mathrm{d}y}{\mathrm{d}x}\right|_{U(x,y)=U_0}=\frac{\frac{\partial U}{\partial x}}{\frac{\partial U}{\partial y}}=\frac{MU_X}{MU_Y}$$

其中：MU_X，MU_Y 表示商品 1 和商品 2 的边际效用。

一般地，设总效用函数为 $U(X)=U(x_1,\cdots,x_k,\cdots,x_l,\cdots,x_n)$，对应的无差异曲线为 $U(x_1,\cdots,x_k,\cdots,x_l,\cdots,x_n)\equiv U_0$，则商品 l 对商品 k 的边际替代率 MRS_{lk} 等于商品 l 对商品 k 的边际效用之比。记为：

$$MRS_{lk}=\frac{\frac{\partial U}{\partial x_l}}{\frac{\partial U}{\partial x_k}}=\frac{MU_l}{MU_k}$$

【例 2】已知两种商品的效用函数为 $U(X)=U(x_1,x_2)$，$g(y)$ 是一个单调变换。试证：效用函数 $U(X)$ 与效用函数 $g[U(x_1,x_2)]$ 的边际替代率相等。

证明：效用函数 $g[U(x_1,x_2)]$ 的边际替代率为：

$$MRS_{g(U)12}=\frac{\frac{\partial g[U(x_1,x_2)]}{\partial x_1}}{\frac{\partial g[U(x_1,x_2)]}{\partial x_2}}=\frac{g'[U(x)]\frac{\partial U}{\partial x_1}}{g'[U(x)]\frac{\partial U}{\partial x_2}}=\frac{\frac{\partial U}{\partial x_1}}{\frac{\partial U}{\partial x_2}}=\frac{MU_1}{MU_2}=MRS_{12}$$

一般地，设消费 n 种商品的效应函数 $U(X)=U(x_1,x_2,\cdots,x_n)$，$g(y)$ 是一个单调变换。则效用函数 $U(X)$ 与效用函数 $g[U(X)]$ 的边际替代率相等。

【定义 2.18】称函数的性质是序数的：指函数的某一性质，在该函数的任一单调变换下仍具有该性质；

称函数的性质是基数的：指函数的某一性质，在该函数的某一单调变换下不具有该性质。

可见,效应函数的边际替代率性质是序数的。

【思考】效应函数的边际效用概念是基数还是序数概念?

分析:设效用函数为 $U(X) = U(x_1,x_2)$,令 $U(x_1,x_2) = 2V(x_1,x_2)$。从效用函数角度看,函数 $U(x_1,x_2)$、$V(x_1,x_2)$ 是等价的;但其边际效用不相等:

$$\frac{\partial U(x_1,x_2)}{\partial x_1} = 2\frac{\partial V(x_1,x_2)}{\partial x_1}$$

可见,效应函数的边际效用这一概念是基数的。

2. 替代弹性

随着商品消费的变动,会引起商品各自边际效用的变动,从而导致边际替代率的变动;而边际替代率的相对变动,又会引起商品消费比例的相对变动。为了测度这一变动,于是引入"替代弹性"的概念。

【定义 2.19】替代弹性 $E_{\sigma_{ij}}$:指边际替代率的相对变动 $\left(\frac{\mathrm{d}(MRS_{ji})}{(MRS_{ji})}\right)$ 所引起的商品消费比例的相对变动 $\left(\frac{\mathrm{d}(\frac{x_i}{x_j})}{(\frac{x_i}{x_j})}\right)$。记为:

$$E_{\sigma_{ij}} = \frac{\frac{\mathrm{d}\left(\frac{x_i}{x_j}\right)}{\left(\frac{x_i}{x_j}\right)}}{\frac{\mathrm{d}(MRS_{ji})}{(MRS_{ji})}} = \frac{\frac{\mathrm{d}\left(\frac{x_i}{x_j}\right)}{\left(\frac{x_i}{x_j}\right)}}{\frac{\mathrm{d}\left(\frac{MU_j}{MU_i}\right)}{\left(\frac{MU_j}{MU_i}\right)}} = \frac{\mathrm{dln}\left(\frac{x_i}{x_j}\right)}{\mathrm{dln}\left(\frac{MU_j}{MU_i}\right)}$$

$E_{\sigma_{ij}}$ 表示第 i 种商品对第 j 种商品的替代难易程度,其值越小,替代越难。

3. 边际替代率递减法则

根据两种商品的边际替代率 MRS_{XY} 定义可知,随着商品 1 的消费量 X 的增加,商品 1 对商品 2 的边际替代率 MRS_{XY} 递减,即 MRS_{XY} 是 X 的单调减函数。该性质称为边际替代率递减法则。这是因为随着商品 1 的消费量 X 的增加,商品 1 的边际效用递减;而商品 2 的消费量 Y 又减少了,使得商品 2 的边际效用递增;每个商品 1 能够替代的商品 2(即边际替代率 MRS_{XY})会随着商品 1 的消费量 X 的增加而减少。由此可见,边际替代率递减法则根源于边际效用递减法则。

【例 3】已知仅消费两种商品的效用函数为 $U(X) = U(x_1,x_2)$,其无差异曲线为 $U(x_1,x_2) = U_0$。试证明:边际替代率 $MRS_{X_1X_2}$ 是 X_1 的严格递减函数(边际替代率递减法则)等价于由无差异曲线 $U(x_1,x_2) = U_0$ 确定的函数 $x_2 = f(x_1)$ 是严格凸函数(凸向原点)。

证明:由边际替代率的定义:

$$MRS_{X_1X_2} = -\left.\frac{dX_2}{dX_1}\right|_{U(X_1,X_2)=U_0}$$

得:

$$\left.\frac{dMRS_{X_1X_2}}{dX_1}\right|_{U(X)=U_0} = -\left.\frac{d^2X_2}{dX_1^2}\right|_{U(X)=U_0}$$

边际替代率 $MRS_{X_1X_2}$ 是 X_1 的严格递减函数(边际替代率递减法则),即等价于:

$$\left.\frac{dMRS_{X_1X_2}}{dX_1}\right|_{U(X)=U_0} < 0$$

这就意味着:

$$\left.\frac{d^2X_2}{dX_1^2}\right|_{U(X)=U_0} > 0$$

即:函数 $x_2 = f(x_1)$ 是严格凸函数。即证。

【练习】设总效用函数为 $U(X) = U(x_1,\cdots,x_k,\cdots,x_l,\cdots,x_n)$,对应的无差异曲线为 $U(x_1,\cdots,x_k,\cdots,x_l,\cdots,x_n) \equiv U_0$。假定只有 x_k,x_l 变化而其余的 $x_i(i \neq l,k)$ 不变,此时由无差异曲线 $U(x_1,\cdots,x_k,\cdots,x_l,\cdots,x_n) \equiv U_0$ 确定函数 $x_k = f(x_l)$。则:边际替代率 $MRS_{X_kX_l}$ 是 X_l 的严格递减函数(边际替代率递减法则)等价于由无差异曲线 $U(x_1,\cdots,x_k,\cdots,x_l,\cdots,x_n) \equiv U_0$ 确定的函数 $x_k = f(x_l)$ 是严格凸函数(凸向原点)。

4. 边际替代率递减法则成立条件

无差异曲线是否在任何情况下都是凸向原点的呢?换句话说,边际替代率递减法则在任何情况下都是成立的吗?先看下面的例子。

【例4】(1) 当两种商品(纸币和铸币)是完全可替代品时,无差异曲线为斜率不变的一条斜直线,此时边际替代率 $MRS_{X_1X_2} = k$,k 为常数。这时的无差异曲线没有凸向原点。

(2) 当两种商品(左脚鞋和右脚鞋)是完全互补品时,无差异曲线表现为平行于横轴和纵轴的一条直角线,此时边际替代率 $MRS_{X_1X_2} = \infty$。这时的无差异曲线也不是凸向原点的。

那么,在什么情况下边际替代率递减法则成立呢?

【定理】设总效用函数为 $U(X) = U(x_1,\cdots,x_k,\cdots,x_l,\cdots,x_n)$,商品 k 和商品 l 的边际效用分别为:$\frac{\partial U}{\partial x_k} = U_k > 0$,$\frac{\partial U}{\partial x_l} = U_l > 0$;令 $U_{kk} = \frac{\partial U_k}{\partial x_k}$,$U_{ll} = \frac{\partial U_l}{\partial x_l}$,$U_{kl} = \frac{\partial U_k}{\partial x_l}$,$U_{lk} = \frac{\partial U_l}{\partial x_k}$。只有 x_k,x_l 变化而其余的 $x_i(i \neq l,k)$ 不变,若满足 $[U_{ll}(U_k)^2 - 2U_{lk}U_lU_k + U_{kk}(U_l)^2] \leqslant (<) 0$,则商品 l 对商品 k 的边际替代率 $MRS_{X_kX_l}$ 是 X_l 的递减(严格递减)函数。换句话说,边际替代率递减法则成立。

证明:由边际替代率的定义,有

$$MRS_{lk} = -\left.\frac{dx_k}{dx_l}\right|_{U(X)=U_0} = \frac{\frac{\partial U}{\partial x_l}}{\frac{\partial U}{\partial x_k}} = \frac{U_l}{U_k}$$

只有 x_k,x_l 变化而其余的 $x_i(i \neq l,k)$ 不变,由无差异曲线 $U(x_1,\cdots,x_k,\cdots,x_l,\cdots,x_n)$

$\equiv U_0$ 可确定得函数 $x_k = f(x_l)$。于是可知，$U_k = U_k(x_1,\cdots,x_k,\cdots x_l,\cdots,x_n)$ 和 $U_l = U_l(x_1,\cdots,x_k,\cdots x_l,\cdots,x_n)$ 都是 x_l 的复合函数。有

$$\left.\frac{\mathrm{d}MRS_{lk}}{\mathrm{d}x_l}\right|_{U(X)=U_0} = \frac{\left(\frac{\partial U_l}{\partial x_k}\cdot\frac{\mathrm{d}x_k}{\mathrm{d}x_l}+\frac{\partial U_l}{\partial x_l}\right)U_k - U_l\left(\frac{\partial U_k}{\partial x_k}\cdot\frac{\mathrm{d}x_k}{\mathrm{d}x_l}+\frac{\partial U_k}{\partial x_l}\right)}{(U_k)^2}$$

$$= \frac{\left(\frac{\partial U_l}{\partial x_k}\cdot\left(-\frac{U_l}{U_k}\right)+\frac{\partial U_l}{\partial x_l}\right)U_k - U_l\left(\frac{\partial U_k}{\partial x_k}\cdot\left(-\frac{U_l}{U_k}\right)+\frac{\partial U_k}{\partial x_l}\right)}{(U_k)^2}$$

$$= \frac{\left(U_{lk}\cdot\left(-\frac{U_l}{U_k}\right)+U_{ll}\right)U_k - U_l\left(U_{kk}\cdot\left(-\frac{U_l}{U_k}\right)+U_{kl}\right)}{(U_k)^2}$$

$$= \left.\frac{1}{(U_k)^3}\left[U_{ll}(U_k)^2 - 2U_{lk}U_lU_k + U_{kk}(U_l)^2\right]\right|_{U(X)=U_0}$$

其中 $U_{kl} = U_{lk}$，即 $\frac{\partial^2 U}{\partial x_k \partial x_l} = \frac{\partial^2 U}{\partial x_l \partial x_k}$。

又因为 $[U_{ll}(U_k)^2 - 2U_{lk}U_lU_k + U_{kk}(U_l)^2] \leqslant (<)0$，得

$$\left.\frac{\mathrm{d}MRS_{lk}}{\mathrm{d}x_l}\right|_{U(X)=U_0} \leqslant (<)0$$

故得证。

【练习】设总效用函数为 $U(X) = U(x_1,\cdots,x_k,\cdots,x_l,\cdots,x_n)$，商品 k 和商品 l 的边际效用大于零且是递减的，即：$\frac{\partial U}{\partial x_k} = U_k > 0$，$\frac{\partial U}{\partial x_l} = U_l > 0$，$U_{kk} = \frac{\partial U_k}{\partial x_k} < 0$，$U_{ll} = \frac{\partial U_l}{\partial x_l} < 0$，又 $U_{kl} = \frac{\partial U_k}{\partial x_l} > 0$，$U_{lk} = \frac{\partial U_l}{\partial x_k} > 0$。则商品 l 对商品 k 的边际替代率 $MRS_{X_kX_l}$ 是 X_l 的严格递减函数。换句话说，边际替代率递减法则成立。

【定理】若效用函数 $U(X) = U(x_1,\cdots,x_k,\cdots,x_l,\cdots,x_n)$ 是拟凹的 C^2 函数（二阶连续导函数），则商品 l 对商品 k 的边际替代率 $MRS_{X_kX_l}$ 是 X_l 的递减（严格递减）函数。换句话说，边际替代率递减法则成立。

第四节 厂商理论

厂商(Firm)指一切以利润为目的，独立从事产品或服务经营的经济主体。传统经济学使用厂商(Firm)概念来分析生产和供给行为，将厂商作为"黑箱"，仅仅作为从事产品的生产者、市场的供给者，在利润最大化目标的驱动下，进行产量、价格和竞争决策，不考虑厂商的内部结构。厂商理论包括生产理论（从实物形态上研究生产的原理）、成本理论（从货币形态上研究成本的结构）和厂商均衡理论。现代经济学的研究深入到企业内部，研究产权关系、激励机制对企业经营决策的影响，除传统的厂商理论外，还包括企业目标

理论、委托代理理论、激励约束理论等，从完全信息到不完全信息，从确定性分析到不确定性分析。

企业作为一种经济组织，它的根本目标是实现经济利润最大化。著名管理学家德鲁克(Drucke)提出：企业具有3个目标：获取经济利润、承担社会责任和帮助成员实现其理想与事业。传统经济学假定企业的目标仅是追求利润最大化为研究基础的；现代经济学提出了各种非利润最大化的企业目标：销售额最大化、满意化水平、稳定并不断壮大顾客群体、增长率最大化、职工人均收入最大化、经理个人偏好最大化等目标。

一、生产理论

传统的微观经济学生产理论，研究的是投入与产出之间的物质技术关系及其变动规律。换句话说，在给定技术水平和生产要素价格的条件下，如何确定生产要素投入数量，以实现企业利润最大化的目标。其研究的主要工具是生产函数。

1. 生产理论基本概念

(1) 生产：从物质转化角度看，是指一个投入产出过程。若一个生产活动只产出一种产品，称这种活动为无联合生产；若一个生产活动同时产出多种产品，称这种活动为有联合生产。如农民种田活动产出大米与稻草。

(2) 生产要素：指企业为生产产品所需投入的各种经济资源。主要包括自然资源、劳动、资本和企业家才能。科学技术在传统经济学中作为外在条件，不列入生产要素；但在现代经济学中日益将科学技术作为内生变量，列为最重要的生产要素。

根据生产要素投入是否可变，可分为：固定要素和可变要素。其中固定要素指企业生产中固定投入的、不是随时间调整的要素，表现为固定投入；可变要素指根据企业生产的需要随时进行调整的生产要素，表现为变动投入。

(3) 生产时期：在微观经济学中，根据生产要素投入的可变性来划分：极短期、短期和长期。其中极短期指所有要素都来不及调整，全部都是固定要素；短期指部分要素可变，但至少存在一种以上固定要素；长期指所有生产要素都是可变要素，不存在固定要素。

2. 生产函数基本概念

技术：在经济学上，指约束生产投入量和产出量关系的自然条件和自然规律。

生产集：指在技术约束下，所有的投入产出所组成的集合。表示所有的生产技术选择，构成了全部技术上可行的生产方法。

生产函数：指在一定技术水平下，表示要素投入量与最大产出量之间的数量关系。其实质就是生产集的边界曲线。

经济学家的一个重要任务是寻找一种简洁而适用的生产函数。

技术系数：生产一单位产品所需要的各种生产要素的配置比例。技术系数固定的生产函数称为固定技术系数的生产函数，其技术称为固定投入比例的技术；技术系数变化的生产函数称为可变技术系数的生产函数，其技术称为可变比例的技术。

假定在一定技术条件下，企业生产一种产品，产量为 q。要研究随投入要素的变动对实物产量的影响，可以从三个角度进行分析：总产量，平均生产量，边际生产量。其中：

总产量 TP(Total Product)：指在一定技术条件下，变动投入与一定量的其他固定投入相结合所能生产的最大产量。记为:$TP = q$。

假定技术条件和其他生产要素固定不变,仅有一种变动投入(如劳动 L)的生产函数表示为:

$$q = f(L)$$

根据经验,生产函数曲线常常表现为随着变动投入 X 的增加,总产量 q 先是以下凸(凸)递增,到达一定产量 q_G(拐点),曲线呈上凸(凹)递增;在到达最大产量 q_{max} 后,曲线呈递减下降。在数学上,生产函数的假设可表示为:

设生产函数 $q = f(X)$ 具有 C^2(二阶连续导数)函数,且满足:

$$\begin{cases} f'(X) > 0 & X \in (0, X_{max}) \\ f'(X) = 0 & X = X_{max} \\ f'(X) < 0 & X \in (X_{max}, \infty) \end{cases} \quad 和 \quad \begin{cases} f''(X) > 0 & X \in (0, X_G) \\ f''(X) = 0 & X = X_G \\ f''(X) < 0 & X \in (X_G, \infty) \end{cases}$$

其中拐点(X_G, q_G)和最大产量点(X_{max}, q_{max})。

假定技术条件和其他生产要素固定不变,只有 2 种变动投入(如劳动 L 和资本 K)的生产函数表示为:

$$q = f(L, K)$$

假定技术条件不变条件下,n 种变动投入 $X = (X_1, X_2, \cdots, X_n)$ 的生产函数表示为:

$$q = f(X_1, X_2, \cdots, X_n)$$

其中 $X_i (i = 1, 2, \cdots, n)$ 为第 i 种投入变动的数量。

平均产量 AP(Average Product):指在一定技术条件下,平均每单位可变动投入所生产的产量。记为:AP。

仅有一种变动投入(如劳动 L)时,劳动 L 的平均产量 AP_L 为:

$$AP_L = \frac{TP}{L} = \frac{q}{L} = \frac{f(L)}{L}$$

只有 2 种变动投入(如劳动 L 和资本 K)时,资本 K 的平均产量 AP_K 为:

$$AP_K = \frac{TP}{K} = \frac{q}{K} = \frac{f(L, K)}{K}$$

有 n 种变动投入 $X = (X_1, X_2, \cdots, X_n)$ 时,变动投入 X_i 的平均产量 AP_{X_i} 为:

$$AP_{X_i} = \frac{q}{X_i} = \frac{f(X_1, X_2, \cdots, X_n)}{X_i}$$

边际产量 MP(Marginal Product):指在一定技术条件下,每增加一个单位可变动投入所引起的总产量的增加量。

仅有一种变动投入(如劳动 L)时,劳动 L 的边际产量 MP_L 为:

$$MP_L = \frac{\mathrm{d}TP}{\mathrm{d}L} = \frac{\mathrm{d}q}{\mathrm{d}L} = \frac{\mathrm{d}f(L)}{\mathrm{d}L}$$

只有 2 种变动投入(如劳动 L 和资本 K)时,劳动 L 和资本 K 的边际产量 MP_L 和 MP_K 分别为:

$$MP_L = \frac{\partial TP}{\partial L} = \frac{\partial q}{\partial L} = \frac{\partial f(L, K)}{\partial L}$$

$$MP_K = \frac{\partial TP}{\partial K} = \frac{\partial q}{\partial K} = \frac{\partial f(L,K)}{\partial K}$$

有 n 种变动投入 $X = (X_1, X_2, \cdots, X_n)$ 时,变动投入 X_i 的边际产量 MP_{X_i} 为:

$$MP_{X_i} = \frac{\partial q}{\partial X_i} = \frac{\partial f(X_1, X_2, \cdots, X_n)}{\partial X_i}$$

【例1】设生产函数 $TP = f(L)$ 是具有二阶连续导数(C^2)的函数,试证:

(1) 平均产量 AP_L 在区间 I 上单调递增(递减)的充要条件是:在区间 I 上恒有

$$MP_L > AP_L (MP_L < AP_L)$$

(2) 平均产量 AP_L 在 L_0 处取极大值的必要条件是:$MP_{L_0} = AP_{L_0}$;

平均产量 AP_L 在 L_0 处取极大值的充分条件是:$MP_{L_0} = AP_{L_0}$ 且 $f''(L_0) < 0$。

证明:由平均产量 AP_L 的定义:

$$AP_L = \frac{f(L)}{L}$$

有:

$$\frac{\mathrm{d}AP_L}{\mathrm{d}L} = \frac{f'(L)L - f(L)}{L^2} = \frac{1}{L}\left[f'(L) - \frac{f(L)}{L}\right] = \frac{1}{L}[MP_L - AP_L]$$

AP_L 在区间 I 上单调递增(递减)等价于$\frac{\mathrm{d}AP_L}{\mathrm{d}L} > (<) 0$,即得 1) 式成立。

若 AP_L 在 L_0 处取极大值,则有:$\left.\frac{\mathrm{d}AP_L}{\mathrm{d}L}\right|_{L=L_0} = 0$,即 $MP_{L_0} = AP_{L_0}$。

若 $MP_{L_0} = AP_{L_0}$,得$\left.\frac{\mathrm{d}AP_L}{\mathrm{d}L}\right|_{L=L_0} = 0$ 和 $f'(L_0) = \frac{f(L_0)}{L_0}$;又

$$\begin{aligned}\frac{\mathrm{d}^2AP_L}{\mathrm{d}L^2} &= \frac{[f''(L_0)L_0 + f'(L_0) - f'(L_0)]L_0{}^2 - [f'(L_0)L_0 - f(L_0)]\cdot 2L_0}{(L_0{}^2)^2} \\ &= \frac{f''(L_0)L_0{}^3 - [2f'(L_0)L_0{}^2 - 2f(L_0)L_0]}{(L_0{}^2)^2} \\ &= \frac{f''(L_0)}{L_0} - 2\frac{f'(L_0)}{L_0{}^2} + 2\frac{f(L_0)}{L_0{}^3}\end{aligned}$$

由 $f'(L_0) = \frac{f(L_0)}{L_0}$,有 $\frac{f'(L_0)}{L_0{}^2} = \frac{f(L_0)}{L_0{}^3}$;且 $f''(L_0) < 0$,故有

$$\frac{\mathrm{d}^2AP_L}{\mathrm{d}L^2} = \frac{f''(L_0)}{L_0} < 0$$

因此,平均产量 AP_L 在 L_0 处取极大值。

【例2】假定生产函数 $TP = f(L)$ 是具有二阶连续导数(C^2)的函数,其拐点为 $N(L_N, f(L_N))$,且满足在点 N 之前函数 $TP = f(L)$ 是下凸(凸)函数,在点 N 之后函数 $TP = f(L)$ 是上凸(凹)函数。试求:

(1) 边际产量 MP_L 的单调区间;

(2) 边际产量 MP_L 取极大值点。

解：由边际产量定义 $MP_L = \dfrac{\mathrm{d}f(L)}{\mathrm{d}L} = f'(L)$ 得：

$$\left.\frac{\mathrm{d}MP_L}{\mathrm{d}L}\right|_{L=L_N} = f''(L_N)$$

根据生产函数的假定，

在 $L \in (0,L_N)$ 时，函数 $TP = f(L)$ 是下凸（凸）函数，有

$$f''(L_N) > 0 \Rightarrow \left.\frac{\mathrm{d}MP_L}{\mathrm{d}L}\right|_{L=L_N} > 0$$

得：边际产量 MP_L 的单调递增区间为：$L \in (0,L_N)$；

在 $L \in (L_N,\infty)$ 时，函数 $TP = f(L)$ 是上凸（凹）函数，有

$$f''(L_N) < 0 \Rightarrow \left.\frac{\mathrm{d}MP_L}{\mathrm{d}L}\right|_{L=L_N} < 0$$

得：边际产量 MP_L 的单调递减区间为：$L \in (L_N,\infty)$；

$N(L_N,f(L_N))$ 为函数 $TP = f(L)$ 的拐点，有 $f''(L_N) = 0 \Rightarrow \left.\dfrac{\mathrm{d}MP_L}{\mathrm{d}L}\right|_{L=L_N} = 0$；

得：边际产量 MP_L 的极大值点为：$N(L_N,f(L_N))$。

3. 等产量线概念

等产量线：指在一定技术条件下，生产等量产品 q_0 的 n 种变动投入 $X = (X_1,X_2,\cdots,X_n)$ 所有可能的组合所形成的轨迹。表示为：

$$\{(X_1,X_2,\cdots,X_n) \mid q(X_1,X_2,\cdots,X_n) \equiv q_0\}$$

其中 $q(X) = q(X_1,X_2,\cdots,X_n)$ 为生产函数，q_0 为常数。

4. 生产弹性

（1）产出弹性

产出弹性 E：指在技术水平和投入价格不变的条件下，一种投入要素按某一比例变动所引起总产量变动的程度。

设生产函数为 $q(X) = q(X_1,X_2,\cdots,X_n)$，第 i 种投入（$i = 1,2,\cdots,n$）的产出弹性为：

$$E_{q_i} = \frac{\dfrac{\partial q}{\partial x_i}}{\dfrac{q}{x_i}} = \frac{\dfrac{\partial q}{q}}{\dfrac{\partial x_i}{x_i}} = \frac{\partial \ln q}{\partial \ln x_i}$$

（2）生产函数弹性

生产函数弹性，又称生产力弹性，指在技术水平和投入价格不变的条件下，所有投入要素 $X = (X_1,X_2,\cdots,X_n)$ 按同一比例变动所引起总产量变动的程度。记为：E_X。

【例 3】已知仅有两种投入（劳动 L 和资本 K）的生产函数为 $q(X) = q(L,K)$，劳动 L 和资本 K 的产出弹性分别记为 E_{q_L} 和 E_{q_K}，投入要素 $X = (L,K)$ 的生产函数弹性为 E_X。试证：

$$E_X = E_{q_L} + E_{q_K}$$

证明：由所有投入要素 $X = (L,K)$ 按同一比例变动，即

$$\frac{\mathrm{d}L}{L}=\frac{\mathrm{d}K}{K}=\frac{\mathrm{d}X}{X}$$

由生产函数 $q(X)=q(L,K)$ 有

$$\begin{aligned}\mathrm{d}q &= \frac{\partial q}{\partial L}\mathrm{d}L+\frac{\partial q}{\partial K}\mathrm{d}K\\ &= \frac{\partial q}{\partial L}\frac{\mathrm{d}L}{L}\cdot L+\frac{\partial q}{\partial K}\frac{\mathrm{d}K}{K}\cdot K\\ &= \frac{\partial q}{\partial L}\frac{\mathrm{d}X}{X}\cdot L+\frac{\partial q}{\partial K}\frac{\mathrm{d}X}{X}\cdot K\end{aligned}$$

得：

$$\begin{aligned}\frac{\mathrm{d}q}{q} &= \frac{\partial q}{\partial L}\frac{\mathrm{d}X}{X}\cdot\frac{L}{q}+\frac{\partial q}{\partial K}\frac{\mathrm{d}X}{X}\cdot\frac{K}{q}\\ &= \left(\frac{\partial q}{\partial L}\cdot\frac{L}{q}+\frac{\partial q}{\partial K}\cdot\frac{K}{q}\right)\frac{\mathrm{d}X}{X}\end{aligned}$$

故有 $E_X=E_{q_L}+E_{q_K}$。从而得证。

【练习】设生产函数为 $q(X)=q(X_1,X_2,\cdots,X_n)$，第 i 种投入 $(i=1,2,\cdots,n)$ 的产出弹性为 $E_{q_i}(i=1,2,\cdots,n)$，投入要素 $X=(X_1,X_2,\cdots,X_n)$ 的生产函数弹性为 E_X。试证：$E_X=E_{q_1}+E_{q_2}+\cdots+E_{q_n}$。

规模报酬：指在技术水平和要素价格既定条件下，所有投入要素按同一比例变动所引起总产量的相对变动。

可以利用生产函数弹性的大小，对规模报酬进行分类：

假设仅有两种投入要素劳动 L 和资本 K，记为 $X=(L,K)$，并且按同一比例 λ 变动，$\lambda=\frac{\mathrm{d}X}{X}=\frac{\mathrm{d}L}{L}=\frac{\mathrm{d}K}{K}$；产量的变动为 $\mu=\frac{\mathrm{d}q}{q}$；生产函数弹性 $E_X=\frac{\mu}{\lambda}$。

当 $E_X>1\Leftrightarrow\mu>\lambda$ 时，生产处于规模报酬递增阶段；

当 $E_X=1\Leftrightarrow\mu=\lambda$ 时，生产处于规模报酬不变阶段；

当 $E_X<1\Leftrightarrow\mu<\lambda$ 时，生产处于规模报酬递减阶段。

5. 边际产出递减规律

对于生产理论，一个基本问题是投入与产出的关系问题，以及可变动投入与不变投入之间的有效配置问题。而研究这一问题的基础就是边际产出递减规律。

边际产出递减规律：指在一定技术条件下，当其他投入要素不变时，仅有一种生产要素投入增加到一定数量之后，总产出量的增加速度随该要素的增加呈现递减的趋势。从数学上表示为：

边际产出递减规律：设生产函数为 $q(X)=q(X_1,X_2,\cdots,X_n)$，投入要素为 $X=(X_1,X_2,\cdots,X_n)$，当 $X_j(j\neq i)$ 不变，仅有 X_i 变动时。边际产出递减规律等价于：$\frac{\partial q}{\partial X_i}$ 是 X_i 的一元递减函数（或 $\frac{\partial^2 q}{\partial X_i^2}<0$；或 $q(X)=q(X_1,X_2,\cdots,X_n)$ 是 X_i 的上凸（凹）函数）。

根据常识我们知道：边际产出递减规律并不是在生产的任何阶段都是成立的。传统

经济学以边际产出来划分生产的三阶段：

第一阶段，边际产出递增阶段（起于原点，止于$\frac{\mathrm{d}MP_L}{\mathrm{d}L}=0$点）：在该阶段中，总产出量$TP=f(L)$以递增的速度增加；总产出曲线呈下凸（凸）函数（$\frac{\mathrm{d}^2TP_L}{\mathrm{d}L^2}>0$）；平均产量$AP_L$和边际产量$MP_L$都是递增的（$\frac{\mathrm{d}AP_L}{\mathrm{d}L}>0$，$\frac{\mathrm{d}MP_L}{\mathrm{d}L}>0$），且边际产量$MP_L$达到最大值点（$\frac{\mathrm{d}MP_L}{\mathrm{d}L}=0$）。

第二阶段，边际产出递减阶段（起于$\frac{\mathrm{d}MP_L}{\mathrm{d}L}=0$点，止于$\frac{\mathrm{d}TP_L}{\mathrm{d}L}=0$或$MP_L=0$点）：在该阶段中，总产出量$TP=f(L)$以递减的速度增加，直到总产出量最大值点（$\frac{\mathrm{d}TP_L}{\mathrm{d}L}=0$）；总产出曲线呈上凸（凹）函数；边际产量$MP_L$从最大值点递减，通过平均产量$AP_L$的最高点后，以比$AP_L$更快速度递减，直到边际产量$MP_L=0$为止；平均产量$AP_L$先是递增，达到最大值处与边际产量$MP_L$相交，然后开始递减。

第三阶段，边际负产出阶段（起于$\frac{\mathrm{d}TP_L}{\mathrm{d}L}=0$或$MP_L=0$点）：在该阶段中，总产出量$TP=f(L)$开始递减；平均产量$AP_L$继续递减；边际产量从$MP_L=0$变为负的。

现代经济学不是以边际产量最高（$\frac{\mathrm{d}MP_L}{\mathrm{d}L}=0$），而是以平均产量最高（$\frac{\mathrm{d}AP_L}{\mathrm{d}L}=0$）作为第一、二阶段的分界线。第二阶段就是从平均产量最高点到总产出量最大值点。

【思考】为何把第二阶段称为生产合理区？

6. 边际技术替代率与边际技术替代率递减规律

(1) 边际技术替代率

在技术水平不变的条件下，假定总产量保持不变时（即等产量线$q(x_1,\cdots,x_k,\cdots,x_l,\cdots,x_n)\equiv q_0$上），生产者每增加一种投入要素$l$一个单位（即：$x_l+1$），可以替代另一种要素$k$的投入数量，称为投入$l$替代投入$k$的边际技术替代率（Marginal Rate of Technical Substitution）。记为：$MRTS_{lk}$。

显然，$q(x_1,\cdots,x_k-MRTS_{lk},\cdots,x_l+1,\cdots,x_n)\equiv q_0$成立；或

$q(x_1,\cdots,x_k-MRTS_{lk},\cdots,x_l+1,\cdots,x_n)-q(x_1,\cdots,x_k,\cdots,x_l,\cdots,x_n)=0$

【例4】假设只有两种生产要素劳动L和资本K，其生产函数为$q=q(L,K)$，在等产量线$q(L,K)=q_0$上，生产者增加了劳动投入量$\Delta L=L_2-L_1$，必然减少了资本K的投入量$\Delta K=|K_2-K_1|$。求劳动L替代资本K的边际技术替代率$MRTS_{LK}$。

解：根据定义得，劳动L替代资本K的边际技术替代率$MRTS_{LK}$为：

$$MRTS_{LK}=-\frac{\Delta K}{\Delta L}$$

【注1】从上式可以看出，边际技术替代率$MRTS_{LK}$实质就是等产量线$q(L,K)=q_0$的

斜率 $k = \frac{\Delta K}{\Delta L}$。常常只考虑其绝对值 $MRTS_{LK} = \left|\frac{\Delta K}{\Delta L}\right| = -\frac{\Delta K}{\Delta L}$。

【注2】与边际替代率 MRS_{lk} 的定义类似,可以利用导数和微分来定义边际技术替代率 $MRTS_{LK}$:

$$MRTS_{LK} = \lim_{\Delta L \to 0}\left|\frac{\Delta K}{\Delta L}\right| = -\left.\frac{\mathrm{d}K}{\mathrm{d}L}\right|_{q(L,K)=q_0}$$

一般地,设生产函数为 $q(X) = q(x_1,\cdots,x_k,\cdots,x_l,\cdots,x_n)$,则投入 l 替代投入 k 的边际技术替代率($MRTS_{lk}$) 等于等产量线($q(x_1,\cdots,x_k,\cdots,x_l,\cdots,x_n) \equiv q_0$) 上点的斜率的绝对值。记为:

$$MRTS_{lk} = -\left.\frac{\mathrm{d}x_k}{\mathrm{d}x_l}\right|_{q(X)=q_0}$$

【练习】假设只有两种生产要素劳动 L 和资本 K,其生产函数为 $q = q(L,K)$,在等产量线 $q(L,K) = q_0$。试证:劳动 L 替代资本 K 的边际技术替代率 $MRTS_{LK}$ 为:

$$MRTS_{LK} = \frac{MP_L}{MP_K}$$

其中 MP_L、MP_K 分别是劳动投入 L 和资本投入 K 的边际产量。

证明:对等产量线 $q(L,K) = q_0$(q_0 为常数) 取微分,得:

$$\mathrm{d}q = \frac{\partial q}{\partial L}\mathrm{d}L + \frac{\partial q}{\partial K}\mathrm{d}K = 0$$

变形得:

$$\frac{\partial q}{\partial L}\mathrm{d}L = -\frac{\partial q}{\partial K}\mathrm{d}K$$

显然,

$$-\left.\frac{\mathrm{d}K}{\mathrm{d}L}\right|_{q(L,K)=q_0} = \frac{\frac{\partial q}{\partial L}}{\frac{\partial q}{\partial K}} = \frac{MP_L}{MP_K}$$

故有

$$MRTS_{LK} = \frac{MP_L}{MP_K}$$

一般地,设生产函数为 $q(X) = q(x_1,\cdots,x_k,\cdots,x_l,\cdots,x_n)$,对应的等产量线为 $(q(x_1,\cdots,x_k,\cdots,x_l,\cdots,x_n) \equiv q_0)$,则投入 l 替代投入 k 的边际技术替代率($MRTS_{lk}$) 等于投入 l 对投入 k 的边际产量之比。记为:

$$MRTS_{lk} = \frac{\frac{\partial q}{\partial x_l}}{\frac{\partial q}{\partial x_k}} = \frac{MP_l}{MP_k}$$

【例5】已知只有两种生产要素劳动 L 和资本 K,其生产函数为 $q(X) = q(L,K)$,$g(y)$ 是一个单调变换。试证:生产函数 $q(X)$ 与生产函数 $g[q(L,K)]$ 的边际技术替代率相等。

证明:生产函数 $g[q(L,K)]$ 的边际技术替代率为:

$$MRTS_{g(q)LK}=\frac{\frac{\partial g[q(L,K)]}{\partial L}}{\frac{\partial g[q(L,K)]}{\partial K}}=\frac{g'[q(X)]\frac{\partial q}{\partial L}}{g'[q(X)]\frac{\partial q}{\partial K}}=\frac{\frac{\partial q}{\partial L}}{\frac{\partial q}{\partial K}}=\frac{MP_L}{MP_K}=MRTS_{LK}$$

一般地,设消费n种生产要素的生产函数$q(X)=q(x_1,x_2,\cdots,x_n)$,$g(y)$是一个单调变换。则生产函数$q(X)$与生产函数$g[q(X)]$的边际技术替代率相等。

(2) 替代弹性

随着各种生产要素投入的变动,会引起要素各自边际产量的变动,从而导致边际技术替代率的变动;而边际技术替代率的相对变动,又会引起要素投入比例的相对变动。为了测度这一变动,于是引入"替代弹性"的概念。

【定义】替代弹性$E_{\sigma ij}$:指边际技术替代率的相对变动($\frac{\mathrm{d}(MRTS_{ji})}{(MRTS_{ji})}$)所引起的要素投入比例的相对变动$\left(\frac{\mathrm{d}\left(\frac{x_i}{x_j}\right)}{\left(\frac{x_i}{x_j}\right)}\right)$。记为:

$$E_{\sigma ij}=\frac{\frac{\mathrm{d}\left(\frac{x_i}{x_j}\right)}{\left(\frac{x_i}{x_j}\right)}}{\frac{\mathrm{d}(MRTS_{ji})}{(MRTS_{ji})}}=\frac{\frac{\mathrm{d}\left(\frac{x_i}{x_j}\right)}{\left(\frac{x_i}{x_j}\right)}}{\frac{\mathrm{d}\left(\frac{MP_j}{MP_i}\right)}{\left(\frac{MP_j}{MP_i}\right)}}=\frac{\mathrm{d}\ln\left(\frac{x_i}{x_j}\right)}{\mathrm{d}\ln\left(\frac{MP_j}{MP_i}\right)}$$

$E_{\sigma ij}$表示第i种要素对第j种要素的替代难易程度,其值越小,替代越难。

(3) 边际技术替代率递减规律

在同一条等产量线,根据两种生产要素劳动L和资本K的边际技术替代率$MRTS_{LK}$的定义可知,随着投入要素L的数量不断增加,对应的边际产量MP_L将下降;而被替代的另一种投入要素K的数量不断减少,对应的边际产量MP_K将上升;由此导致劳动L替代资本K的边际技术替代率$MRTS_{LK}=\frac{MP_L}{MP_K}$具有不断下降的必然趋势。该性质称为边际技术替代率递减法则。该法则表现为在等产量线上的切线斜率的绝对值递减,使得等产量线从左上方向右下方倾斜,并凸向原点。

【例6】已知仅两种生产要素劳动L和资本K的生产函数为$q(X)=q(L,K)$,其等产量线为$q(L,K)=q_0$。试证明:劳动L替代资本K的边际技术替代率$MRTS_{LK}$是L的严格递减函数(边际技术替代率递减法则)等价于由等产量线为$q(L,K)=q_0$确定的函数$K=f(L)$是严格凸函数(凸向原点)。

证明:由边际技术替代率的定义:

$$MRTS_{LK}=-\frac{\mathrm{d}K}{\mathrm{d}L}\bigg|_{q(L,K)=q_0}$$

得：

$$\frac{\mathrm{d}MRTS_{LK}}{\mathrm{d}L} = -\left.\frac{\mathrm{d}^2K}{\mathrm{d}L^2}\right|_{q(L,K)=q_0}$$

边际技术替代率 $MRTS_{LK}$ 是 L 的严格递减函数（边际技术替代率递减法则），即等价于：

$$\frac{\mathrm{d}MRTS_{LK}}{\mathrm{d}L} < 0$$

这就意味着：

$$\left.\frac{\mathrm{d}^2K}{\mathrm{d}L^2}\right|_{q(L,K)=q_0} > 0$$

即：函数 $K = f(L)$ 是严格凸函数（凸向原点）。即证。

【练习】设生产函数为 $q(X) = q(x_1,\cdots,x_k,\cdots,x_l,\cdots,x_n)$，对应的等产量线为 $(q(x_1,\cdots,x_k,\cdots,x_l,\cdots,x_n) \equiv q_0)$，假定只有 x_k, x_l 变化而其余的 $x_i(i \neq l,k)$ 不变，此时由等产量线为 $(q(x_1,\cdots,x_k,\cdots,x_l,\cdots,x_n) \equiv q_0)$ 确定函数 $x_k = f(x_l)$。则：投入 l 替代投入 k 的边际技术替代率 $MRTS_{lk}$ 是 X_l 的严格递减函数（边际替代率递减法则）等价于由等产量线为 $(q(x_1,\cdots,x_k,\cdots,x_l,\cdots,x_n) \equiv q_0)$ 确定的函数 $x_k = f(x_l)$ 是严格凸函数（凸向原点）。

（4）边际技术替代率递减规律成立条件

在什么情况下边际技术替代率递减法则成立呢？

【例7】设生产函数为 $q(X) = q(x_1,\cdots,x_k,\cdots,x_l,\cdots,x_n)$，生产投入要素 k 和要素 l 的边际产量分别为：$\frac{\partial q}{\partial x_k} = q_k > 0$，$\frac{\partial q}{\partial x_l} = q_l > 0$；令 $q_{kk} = \frac{\partial q_k}{\partial x_k}$，$q_{ll} = \frac{\partial q_l}{\partial x_l}$，$q_{kl} = \frac{\partial q_k}{\partial x_l}$，$q_{lk} = \frac{\partial q_l}{\partial x_k}$。只有 x_k, x_l 变化而其余的 $x_i(i \neq l,k)$ 不变，若满足 $[q_{ll}(q_k)^2 - 2q_{lk}q_lq_k + q_{kk}(q_l)^2] \leqslant (<) 0$，则生产投入要素 l 对要素 k 的边际技术替代率 $MRTS_{lk}$ 是 X_l 的递减（严格递减）函数。换句话说，边际技术替代率递减法则成立。

证明：由边际替代率的定义，有

$$MRTS_{lk} = -\left.\frac{\mathrm{d}x_k}{\mathrm{d}x_l}\right|_{q(X)=q_0} = \frac{\frac{\partial q}{\partial x_l}}{\frac{\partial q}{\partial x_k}} = \frac{q_l}{q_k}$$

只有 x_k, x_l 变化而其余的 $x_i(i \neq l,k)$ 不变，由等产量线 $q(x_1,\cdots,x_k,\cdots,x_l,\cdots,x_n) \equiv q_0$ 可确定得函数 $x_k = f(x_l)$。于是可知，$q_k = q_k(x_1,\cdots,x_k,\cdots x_l,\cdots,x_n)$ 和 $q_l = q_l(x_1,\cdots,x_k,\cdots x_l,\cdots,x_n)$ 都是 x_l 的复合函数。有

$$\left.\frac{\mathrm{d}MRTS_{lk}}{\mathrm{d}x_l}\right|_{q(X)=q_0} = \frac{\left(\frac{\partial q_l}{\partial x_k}\cdot\frac{\mathrm{d}x_k}{\mathrm{d}x_l}+\frac{\partial q_l}{\partial x_l}\right)q_k - q_l\left(\frac{\partial q_k}{\partial x_k}\cdot\frac{\mathrm{d}x_k}{\mathrm{d}x_l}+\frac{\partial q_k}{\partial x_l}\right)}{(q_k)^2}$$

$$= \frac{\left(\frac{\partial q_l}{\partial x_k}\cdot\left(-\frac{q_l}{q_k}\right)+\frac{\partial q_l}{\partial x_l}\right)q_k - q_l\left(\frac{\partial q_k}{\partial x_k}\cdot\left(-\frac{q_l}{q_k}\right)+\frac{\partial q_k}{\partial x_l}\right)}{(q_k)^2}$$

$$= \frac{\left(q_{lk}\cdot\left(-\frac{q_l}{q_k}\right)+q_{ll}\right)q_k - q_l\left(q_{kk}\cdot\left(-\frac{q_l}{q_k}\right)+q_{kl}\right)}{(q_k)^2}$$

$$= \left.\frac{1}{(q_k)^3}\left[q_{ll}(q_k)^2 - 2q_{lk}q_lq_k + q_{kk}(q_l)^2\right]\right|_{q(X)=q_0}$$

其中 $q_{kl}=q_{lk}$，即$\frac{\partial^2 q}{\partial x_k\partial x_l}=\frac{\partial^2 q}{\partial x_l\partial x_k}$。

又因为$[q_{ll}(q_k)^2-2q_{lk}q_lq_k+q_{kk}(q_l)^2]\leqslant(<)0$，得

$$\left.\frac{\mathrm{d}MRTS_{lk}}{\mathrm{d}x_l}\right|_{q(X)=q_0}\leqslant(<)0$$

故得证。

【练习】设生产函数为 $q(X)=q(x_1,\cdots,x_k,\cdots,x_l,\cdots,x_n)$，生产投入要素 k 和要素 l 的边际产量大于零且是递减的，即：$\frac{\partial q}{\partial x_k}=q_k>0$，$\frac{\partial q}{\partial x_l}=q_l>0$，$q_{kk}=\frac{\partial q_k}{\partial x_k}<0$，$q_{ll}=\frac{\partial q_l}{\partial x_l}<0$，又 $q_{kl}=\frac{\partial q_k}{\partial x_l}>0$，$q_{lk}=\frac{\partial q_l}{\partial x_k}>0$。则生产投入要素 l 对要素 k 的边际技术替代率 $MRTS_{lk}$ 是 X_l 的严格递减函数。换句话说，边际技术替代率递减法则成立。

7. 常见生产函数

(1) 线性齐次生产函数

在现实生产中，尽管大多数生产函数是非线性的，但为简单起见，常常假设生产函数为线性的。

齐次线性生产函数：指生产函数 $q(X)=q(L,K)$ 是线性函数，且对任一常数 $\lambda(\lambda>0)$ 和任意自变量(L,K)，满足：

$$q(\lambda X)=f(\lambda L,\lambda K)=\lambda f(L,K)=\lambda\cdot q(X)$$

【练习】证明齐次线性生产函数 $q(X)=q(L,K)$ 的平均产量(AP_L、AP_K)和边际产量(MP_L、MP_K)都取决于投入比例，与投入数量无关。换句话说，均产量和边际产量都是$\frac{K}{L}$的函数。

分析：先看平均产量 AP_L、AP_K

令 $\lambda=\frac{1}{L}$，由齐次函数定义，$f(\lambda L,\lambda K)=\lambda\cdot q(X)$ 有

$$AP_L=\frac{q(X)}{L}=f\left(\frac{L}{L},\frac{K}{L}\right)=\varphi\left(\frac{K}{L}\right)$$

又$\frac{q(X)}{K}=\frac{q(X)}{L}\cdot\frac{L}{K}$,将上式代入,有

$$AP_K=\frac{q(X)}{K}=\frac{q(X)}{L}\cdot\frac{L}{K}=\varphi\left(\frac{K}{L}\right)\cdot\frac{L}{K}=\frac{\varphi\left(\frac{K}{L}\right)}{\frac{K}{L}}=\varphi\left(\frac{K}{L}\right)$$

由 $q(X)=L\varphi\left(\frac{K}{L}\right)$得:

资本边际产量 $MP_K=\frac{\partial\left[L\varphi\left(\frac{K}{L}\right)\right]}{\partial K}=\varphi'\left(\frac{K}{L}\right)$

类似,可得 $q(X)=Kf\left(\frac{L}{K},1\right)=K\psi(\frac{L}{K})$ 得:

劳动边际产量 $MP_L=\frac{\partial\left[K\psi\left(\frac{L}{K}\right)\right]}{\partial L}=\psi'\left(\frac{K}{L}\right)$

【练习】设生产函数 $q(L,K)=A[\alpha L+(1-\alpha)K]$(参数 $0<\alpha<1$)。求替代弹性 $E_{\sigma LK}$。

分析:

$$MP_L=\frac{\partial q}{\partial L}=A\alpha$$

$$MP_K=\frac{\partial q}{\partial K}=A(1-\alpha)$$

有 $\frac{MP_K}{MP_L}=\frac{1-\alpha}{\alpha}$,得 $\mathrm{d}\left(\frac{MP_K}{MP_L}\right)=0$,

故劳动和资本的替代弹性 $E_{\sigma LK}=\dfrac{\dfrac{\mathrm{d}\left(\frac{L}{K}\right)}{\left(\frac{L}{K}\right)}}{\dfrac{\mathrm{d}\left(\frac{MP_K}{MP_L}\right)}{\left(\frac{MP_K}{MP_L}\right)}}=\infty$。称为完全替代线性生产函数,表示两种投入要素可以相互完全替代。

(2) 柯布—道格拉斯(Cobb - Douglas,简称 C - D) 生产函数

柯布—道格拉斯(C - D) 生产函数的表达式为:

$$q(X)=q(L,K)=AL^{\alpha}K^{\beta}$$

其中 $L,K(>0)$ 分别为劳动和资本要素;A、α、β 为参数,且 $A>0,0<\alpha$、$\beta<1$。

【例 8】对劳动和资本的柯布—道格拉斯生产函数,

(1) 试求劳动和资本的产出弹性 E_{qL} 和 E_{qK};

(2) 试证劳动和资本边际产出大于零;

(3) 试求劳动和资本的替代弹性 $E_{\sigma LK}$;

(4) 试证劳动和资本的边际产出递减规律成立；

(5) 试证柯布 — 道格拉斯生产函数的等产量线斜率为负，且具有严格凸性（下凸）（即边际技术替代率递减规律成立）；

(6) 试证柯布 — 道格拉斯生产函数是 $\alpha+\beta$ 次齐次函数；当 $\alpha+\beta=1$ 时，为线性齐次生产函数。

解：(1) 劳动的产出弹性 E_{q_L} 为：

$$E_{q_L}=\frac{\partial \ln q}{\partial \ln L}=\frac{\partial[\ln A+\alpha\ln L+\beta\ln K]}{\partial \ln L}=\alpha$$

同理，得：资本的产出弹性 $E_{q_K}=\beta$。

【注】由此解释了参数 α、β 的含义：分别代表劳动和资本的产出弹性；另外，参数 A 称为技术因子。

(2) 由劳动和资本的边际产量

$$MP_L=\frac{\partial q}{\partial L}=AK^{\beta}\cdot\alpha L^{\alpha-1}$$

$$MP_K=\frac{\partial q}{\partial K}=AL^{\alpha}\cdot\beta K^{\beta-1}$$

因为 $A>0$，$0<\alpha$、$\beta<1$，$L,K(>0)$，故劳动和资本的边际产出都大于零。

(3) 由劳动和资本的边际产量：

$$MP_L=\frac{\partial q}{\partial L}=AK^{\beta}\cdot\alpha L^{\alpha-1}=\frac{\alpha}{L}\cdot AL^{\alpha}K^{\beta}=\frac{\alpha}{L}\cdot q$$

$$MP_K=\frac{\partial q}{\partial K}=AL^{\alpha}\cdot\beta K^{\beta-1}=\frac{\beta}{K}\cdot AL^{\alpha}K^{\beta}=\frac{\beta}{K}\cdot q$$

有 $$\frac{MP_K}{MP_L}=\frac{\frac{\beta}{K}}{\frac{\alpha}{L}}=\frac{\beta}{\alpha}\cdot\frac{L}{K}$$，得 $$\mathrm{d}\left(\frac{MP_K}{MP_L}\right)=\frac{\beta}{\alpha}\mathrm{d}\left(\frac{L}{K}\right)$$，

故劳动和资本的替代弹性 $$E_{\sigma_{LK}}=\frac{\dfrac{\mathrm{d}\left(\frac{L}{K}\right)}{\left(\frac{L}{K}\right)}}{\dfrac{\mathrm{d}\left(\frac{MP_K}{MP_L}\right)}{\left(\frac{MP_K}{MP_L}\right)}}=1$$，这称为单一弹性生产函数。

(4) 由 $$\frac{\partial MP_L}{\partial L}=\frac{\partial(AK^{\beta}\cdot\alpha L^{\alpha-1})}{\partial L}=A\alpha K^{\beta}\cdot(\alpha-1)L^{(\alpha-1)-1}<0$$

得劳动边际产出 MP_L 是劳动 L 的递减函数，即劳动边际产出递减规律成立。

同理，可证 $\frac{\partial MP_K}{\partial K}<0$。

(5) 设柯布 — 道格拉斯生产函数的等产量线为：

$$q(L,K)=AL^{\alpha}K^{\beta}=q_0\quad(q_0\text{ 为常数})$$

令$f(L,K)=AL^{\alpha}K^{\beta}-q_0$,等产量线表示为$f(L,K)=AL^{\alpha}K^{\beta}-q_0=0$,是一个方程的隐函数,且满足隐函数定理条件:

$$\frac{\partial f(L,K)}{\partial K}=\frac{\partial(AL^{\alpha}K^{\beta}-q_0)}{\partial K}=AL^{\alpha}\cdot\beta K^{\beta-1}\neq 0$$

可由$f(L,K)=0$确定K是L的隐函数$K=g(L)$,且

$$\frac{\mathrm{d}K}{\mathrm{d}L}=-\frac{\frac{\partial f(K,L)}{\partial L}}{\frac{\partial f(K,L)}{\partial K}}=-\frac{AK^{\beta}\cdot\alpha L^{\alpha-1}}{AL^{\alpha}\cdot\beta K^{\beta-1}}=-\frac{\alpha}{\beta}\cdot\frac{K}{L}<0$$

即等产量线斜率为负。又

$$\frac{\mathrm{d}K^2}{\mathrm{d}^2L}=\frac{\mathrm{d}\left(-\frac{\alpha}{\beta}\cdot\frac{K}{L}\right)}{\mathrm{d}L}=-\frac{\alpha}{\beta}\cdot\frac{\frac{\mathrm{d}K}{\mathrm{d}L}L-K}{L^2}=-\frac{\alpha}{\beta}\cdot\frac{\left(-\frac{\alpha}{\beta}\cdot\frac{K}{L}\right)L-K}{L^2}=\frac{\alpha}{\beta}\frac{\left(\frac{\alpha}{\beta}+1\right)K}{L^2}>0$$

即等产量线具有严格凸性(下凸)。

另一方面,可以直接从边际技术替代率证明,

$$MRTS_{LK}=\frac{MP_L}{MP_K}=\frac{\frac{\partial q(K,L)}{\partial L}}{\frac{\partial q(K,L)}{\partial K}}=\frac{\alpha}{\beta}\cdot\frac{K}{L}$$

$$\frac{\mathrm{d}MRTS_{LK}}{\mathrm{d}L}=\frac{\mathrm{d}\left(\frac{\alpha}{\beta}\cdot\frac{K}{L}\right)}{\mathrm{d}L}=\frac{\alpha}{\beta}\cdot\frac{\frac{\mathrm{d}K}{\mathrm{d}L}L-K}{L^2}=\frac{\alpha}{\beta}\cdot\frac{\left(-\frac{\alpha}{\beta}\cdot\frac{K}{L}\right)L-K}{L^2}=-\frac{\alpha}{\beta}\frac{\left(\frac{\alpha}{\beta}+1\right)K}{L^2}<0$$

即边际技术替代率$MRTS_{LK}$是劳动L的递减函数,故边际技术替代率递减规律成立。

(6) 因为$q(\lambda X)=q(\lambda L,\lambda K)=A(\lambda L)^{\alpha}(\lambda K)^{\beta}=\lambda^{\alpha+\beta}q(X)$,故柯布—道格拉斯生产函数为$\alpha+\beta$次齐次函数;

当$\alpha+\beta=1$时,$q(\lambda X)=\lambda q(X)$成立,即为线性齐次生产函数。

【注】一般地,柯布-道格拉斯生产函数表示为:

$$q(X)=q(x_1,x_2,\cdots,x_n)=A\prod_{i=1}^{n}x_i^{\alpha_i}$$

其中$A>0,\alpha_i>0,i=1,2,\cdots,n$。

(3) 替代弹性不变(Constant Elasticity of Substitution,简称 CES) 生产函数

替代弹性不变(CES) 生产函数的表达式为:

$$q(L,K)=A\left[\alpha L^{-\rho}+(1-\alpha)K^{-\rho}\right]^{-\frac{1}{\rho}}$$

其中$L,K(>0)$分别为劳动和资本要素;参数$A>0,0<\alpha<1,\rho\geqslant-1$。

【练习】对于劳动和资本替代弹性(CES) 不变生产函数,

(1) 试求劳动和资本的产出弹性E_{q_L}和E_{q_K};

(2) 试求替代弹性E_{σ};

分析:(1) 劳动的产出弹性E_{q_L}为:

$$E_{q_L} = \frac{\frac{\partial q}{\partial L}}{\frac{q}{L}} = -\frac{1}{\rho}A \cdot [\alpha L^{-\rho} + (1-\alpha)K^{-\rho}]^{-\frac{1}{\rho}-1} \cdot \alpha(-\rho)L^{-\rho-1} \cdot \frac{L}{q}$$

$$= A\alpha \cdot [\alpha L^{-\rho} + (1-\alpha)K^{-\rho}]^{-\frac{1}{\rho}-1} \cdot L^{-\rho-1} \cdot \frac{L}{A[\alpha L^{-\rho} + (1-\alpha)K^{-\rho}]^{-\frac{1}{\rho}}}$$

$$= \frac{1}{\left[1 + \frac{(1-\alpha)}{\alpha}\left(\frac{L}{K}\right)^{\rho}\right]}$$

同理,得资本的产出弹性 $E_{q_K} = \frac{1}{\left[1 + \frac{\alpha}{(1-\alpha)}\left(\frac{L}{K}\right)^{-\rho}\right]}$。

(2) 由劳动和资本的边际产量

$$MP_L = \frac{\partial q}{\partial L} = -\frac{1}{\rho}A \cdot [\alpha L^{-\rho} + (1-\alpha)K^{-\rho}]^{-\frac{1}{\rho}-1} \cdot \alpha(-\rho)L^{-\rho-1}$$

$$= \frac{A\alpha}{L^{\rho+1} \cdot [\alpha L^{-\rho} + (1-\alpha)K^{-\rho}]^{\frac{1}{\rho}+1}}$$

$$MP_K = \frac{\partial q}{\partial K} = -\frac{1}{\rho}A \cdot [\alpha L^{-\rho} + (1-\alpha)K^{-\rho}]^{-\frac{1}{\rho}-1} \cdot (1-\alpha)(-\rho)K^{-\rho-1}$$

$$= \frac{A(1-\alpha)}{K^{\rho+1} \cdot [\alpha L^{-\rho} + (1-\alpha)K^{-\rho}]^{\frac{1}{\rho}+1}}$$

$$\frac{MP_K}{MP_L} = \frac{(1-\alpha)}{\alpha} \cdot \left(\frac{L}{K}\right)^{\rho+1}$$

$$\mathrm{d}\left(\frac{MP_K}{MP_L}\right) = \frac{(1-\alpha)}{\alpha} \cdot (\rho+1) \cdot \left(\frac{L}{K}\right)^{\rho} \cdot \mathrm{d}\left(\frac{L}{K}\right)$$

劳动对资本的替代弹性 $E_{\sigma_{LK}}$ 为:

$$E_{\sigma_{LK}} = \frac{\frac{\mathrm{d}\left(\frac{L}{K}\right)}{\left(\frac{L}{K}\right)}}{\frac{\mathrm{d}\left(\frac{MP_K}{MP_L}\right)}{\left(\frac{MP_K}{MP_L}\right)}} = \frac{\frac{\mathrm{d}\left(\frac{L}{K}\right)}{\left(\frac{L}{K}\right)}}{\frac{\frac{(1-\alpha)}{\alpha} \cdot (\rho+1) \cdot \left(\frac{L}{K}\right)^{\rho} \cdot \mathrm{d}\left(\frac{L}{K}\right)}{\frac{(1-\alpha)}{\alpha} \cdot \left(\frac{L}{K}\right)^{\rho+1}}} = \frac{1}{\rho+1}$$

同理,资本对劳动的替代弹性 $E_{\sigma_{KL}} = \frac{1}{\rho+1}$。这就是该生产函数名称的来源,其中参数 ρ 称为替代参数。

【注 1】根据替代参数 ρ 的取值,可得到不同的生产函数:

(1) 若 $\rho = -1$,有 $E_{\sigma} = \infty$,CES 生产函数的表达式简化为:

$$q(L,K) = A[\alpha L + (1-\alpha)K]$$

这是具有完全替代弹性的线性生产函数。

(2) 若 $\rho = 0$,有 $E_o = 1$,CES 生产函数的变化为:

$$q(L,K) = AL^{\alpha}K^{(1-\alpha)}$$

这是具有单一替代弹性的 CES 生产函数,正是 C－D 生产函数。

(3) 若 $\rho = \infty$,有 $E_o = 0$,CES 生产函数的变化为:

$$q(L,K) = \min\left(\frac{L}{a},\frac{K}{b}\right)$$

这是具有完全无替代弹性的投入—产出生产函数。

【注2】替代弹性不变(Constant Elasticity of Substitution,简称CES)生产函数的一般形式为:

$$q(X) = q(x_1,x_2,\cdots,x_n) = A\left[a_1^{1+\rho}x_1^{-\rho} + a_2^{1+\rho}x_2^{-\rho} + \cdots + a_n^{1+\rho}x_n^{-\rho}\right]^{-\frac{\mu}{\rho}}$$

其中 $x_i > 0(i = 1,2,\cdots,n)$ 为生产投入要素;参数 $A > 0,\rho \geqslant -1,a_i > 0$,且 $\sum_{i=1}^{n} a_i^{1+\rho} = 1$。

二、成本理论

1. 成本的基本概念

成本(Cost)是指企业经营所支付的生产费用总和;换句话说,是指一切要素所有者必须获得的报酬总和,决定于生产要素的价格。

经济分析与财务分析都使用成本这一概念,但两者并不完全等同。具体可以分为(见表2－1):

表2－1　　经济分析与财务分析中的不同成本概念

	经济分析	财务分析
成本	机会成本	会计成本
	外显成本＋隐含成本	外显成本
	社会成本	私人成本
	增量成本＋沉没成本	增量成本
	生产成本＋交易成本	生产成本

(1) 会计成本与机会成本

会计成本:指企业在生产过程中按市场价格已经直接支付的一切费用,可以通过会计账目反映的成本;

机会成本:指企业将一定资源投入某种用途时而所放弃的其他各种用途中的最大收入。

(2) 外显成本与隐含成本

外显成本:指财务账目上的会计成本;

隐含成本:指企业应当支付而没有支付的企业自有生产要素的机会成本。

(3) 私人成本与社会成本

私人成本:指企业从事生产活动实际支付的一切成本;

社会成本:指整个社会为这项生产活动需要支付的一切成本。

(4) 增量成本与沉没成本

增量成本:指企业为新增产量而增加投入的相关成本,及变动成本或总成本的增量;

沉没成本:指已经发生而无法收回的成本,即无法利用的固定成本。

(5) 生产成本与交易成本

生产成本:指企业在产品生产过程中支付的成本;

交易成本:指除生产成本外,为达成生产协议和完成交易而耗费的成本。

2. 成本函数

(1) 成本函数(Cost Function):指在技术水平和要素价格不变的条件下,成本与产出之间的相互关系,由企业的生产函数和要素价格所决定。

成本函数是生产函数的函数,根据生产的短期和长期区分,成本函数可分为短期成本函数和长期成本函数。

(2) 短期成本函数

在短期内,假定各种成本仅随产量的变动而变化,企业的投入可分为变动投入和固定投入,从而可以定义 7 种成本函数。

A. 总成本函数、总固定成本函数和总变动成本函数

总成本函数 TC(Total Cost):指企业生产产品某一产量 q 的各种成本之和。记为:$TC(q)$。分为总固定成本和总变动成本。

总固定成本函数 TFC(Total Fixed Cost):指在一定产量范围内,不随产量 q 变动的成本之和。记为:TFC。即使在停产,产量 $q=0$ 时,仍有 $TFC>0$。其曲线呈一条水平直线。

总变动成本函数 TVC(Total Variable Cost):指随产量 q 变动的成本之和。记为:$TVC(q)$。若停产,产量 $q=0$ 时,$TVC=0$。

根据实践,通常假定总变动成本函数 TVC 曲线满足:随着产量 q 的增加,曲线先是上凸(凹) 递增,到达一定产量 q_g(拐点),曲线呈下凸(凸) 递增。

总成本函数 $TC(q)=TFC+TVC(q)$,因此其曲线与总变动成本函数 TVC 曲线假定相同。数学上表示为:若总成本函数 $TC(q)$ 是关于产量 q 的 C^2 函数(二阶连续导函数),总成本函数 $TC(q)$ 的假设为:

$$\begin{cases} TC''(q)<0 & q\in(0,q_g) \\ TC''(q)=0 & q=q_g \\ TC''(q)>0 & q\in(q_g,\infty) \end{cases}$$

其中 $TC''(q)$ 为总成本函数 $TC(q)$ 的二阶导函数,$TC(q)$ 的拐点 $M(q_g,TC(q_g))$。

B. 平均成本函数、平均固定成本函数和平均变动成本函数

平均成本函数 AC(Average Cost):指生产单位产品的成本之和,是企业总成本 TC 与产量 q 之比。数学表示为:

$$AC(q)=\frac{TC(q)}{q}$$

平均固定成本函数 AFC(Average Fixed Cost)：指生产单位产品的固定成本，是企业固定成本 TFC 与产量 q 之比。数学表示为：

$$AFC(q) = \frac{TFC}{q}$$

平均变动成本函数 AVC(Average Variable Cost)：指生产单位产品的变动成本，是企业变动成本 TVC 与产量 q 之比。数学表示为：

$$AVC(q) = \frac{TVC(q)}{q}$$

显然，$AC(q) = AFC(q) + AVC(q)$。

C. 边际成本函数

边际成本函数 MC(Marginal Cost)：指在原有产量 q 的基础上，每增加单位产量所增加的总成本。数学表示为：

$$MC(q) = TC(q+1) - TC(q) = \frac{\Delta TC}{\Delta q}$$

若假定成本函数 $TC(q)$ 是连续可导函数，则边际成本函数 MC 可表示为：

$$MC(q) = \lim_{\Delta q \to 0} \frac{\Delta TC(q)}{\Delta q} = \frac{\mathrm{d}TC(q)}{\mathrm{d}q}$$

【练习】试证：边际成本函数 MC 是指在原有产量 q 的基础上，每增加单位产量所增加的总变动成本。

分析：由 $TC(q) = TFC + TVC(q)$ 得：

$$MC(q) = \frac{\mathrm{d}TC(q)}{\mathrm{d}q} = \frac{\mathrm{d}[TFC + TVC(q)]}{\mathrm{d}q} = \frac{\mathrm{d}TVC(q)}{\mathrm{d}q}$$

(3) 长期成本函数

在长期中，由于企业的所有投入要素都是可以变动的，所以不存在总固定成本和总变动成本之分。仅能定义 3 种成本函数。

①长期总成本函数 LTC(Long - Run Total Cost)：指用于购买各种最优投入数量的成本支出总和。记为：$LTC(q)$。

②长期平均成本函数 LAC(Long - Run Average Cost)：指单位产品的成本，是企业长期总成本 TC 与产量 q 之比。数学表示为：

$$LAC(q) = \frac{LTC(q)}{q}$$

③长期边际成本函数 LMC(Long - Run Marginal Cost)：指每增加单位产量所增加的长期总成本。数学表示为：

$$LMC(q) = \lim_{\Delta q \to 0} \frac{\Delta LTC(q)}{\Delta q} = \frac{\mathrm{d}LTC(q)}{\mathrm{d}q}$$

【例 9】设总变动成本函数 $TVC(q)$ 是产量 q 的 C^2 函数(二阶连续导函数)，试证：

①平均变动成本函数 $AVC(q)$ 在区间 I 上单调递增(递减)的充要条件是：在区间 I 上，边际成本函数 $MC(q) > AVC(q)$($MC(q) < AVC(q)$)恒成立；

②平均变动成本函数 $AVC(q)$ 在产量 q_0 处达到极小值的必要条件是：

$$MC(q_0)=AVC(q_0)$$

平均变动成本函数 $AVC(q)$ 在产量 q_0 处达到极小值的充分条件是:

$$\begin{cases}MC(q_0)=AVC(q_0)\\ TVC''(q_0)>0\end{cases}$$

其中 $TVC''(q_0)$ 是总变动成本函数 $TVC(q)$ 的二阶导数。

解:① 根据函数单调性的判定,由平均变动成本函数 $AVC(q)$ 的定义得其导数 $AVC'(q)$ 为:

$$\frac{\mathrm{d}[AVC(q)]}{\mathrm{d}q}=\left(\frac{TVC(q)}{q}\right)'=\frac{1}{q}\left[TVC'(q)-\frac{TVC(q)}{q}\right]=\frac{1}{q}[MC(q)-AVC(q)]$$

$AVC(q)$ 单调递增(递减)等价于

$$AVC'(q)>0(<0)\Leftrightarrow MC(q)>AVC(q)(MC(q)<AVC(q))$$

② 根据函数极小值的必要条件得,平均变动成本函数 $AVC(q)$ 在产量 q_0 处达到极小值的必要条件是:平均变动成本函数 $AVC(q)$ 的导数 $AVC'(q_0)=0$,即满足:

$$MC(q_0)=AVC(q_0)$$

根据函数极小值的充分条件得,平均变动成本函数 $AVC(q)$ 在产量 q_0 处达到极小值的充分条件是:

$$\begin{cases}AVC'(q_0)=0\\ TVC''(q_0)>0\end{cases}\Leftrightarrow\begin{cases}MC(q_0)=AVC(q_0)\\ TVC''(q_0)>0\end{cases}$$

【练习】设总成本函数 $TC(q)$ 是产量 q 的 C^2 函数(二阶连续导函数),试证:

①平均成本函数 $AC(q)$ 在区间 I 上单调递增(递减)的充要条件是:在区间 I 上,边际成本函数 $MC(q)>AC(q)(MC(q)<AC(q))$ 恒成立;

② 平均成本函数 $AC(q)$ 在产量 q_0 处达到极小值的必要条件是:

$$MC(q_0)=AC(q_0)$$

平均成本函数 $AC(q)$ 在产量 q_0 处达到极小值的充分条件是:

$$\begin{cases}MC(q_0)=AC(q_0)\\ TC''(q_0)>0\end{cases}$$

其中 $TC''(q_0)$ 是总成本函数 $TC(q)$ 的二阶导数。

③ 设 $TC(q)$ 的拐点为 $M(q_g,TC(q_g))$,则

边际成本函数 $MC(q)$ 的单调性为:

当 $q\in(0,q_g)$ 时,边际成本函数 $MC(q)$ 单调递减;

当 $q\in(q_g,\infty)$ 时,边际成本函数 $MC(q)$ 单调递增;

在拐点 $M(q_g,TC(q_g))$ 处达到极小值。

第五节　市场理论

传统市场,指货物买卖的场所;现代市场,指一切以公开价格进行的交易活动,既有

有形的，又有无形的。而微观经济学研究的核心内容——市场是怎样实现资源优化配置的。

家庭经济行为和企业经济行为通过市场联系起来进行交易，面对不同的市场竞争结构，将产生不同的决策行为。一般把市场分为完全竞争市场和不完全竞争市场（完全垄断、垄断竞争和寡头垄断）两种类型。

一、完全竞争市场

1. 完全竞争市场的基本假设：

(1) 市场有众多的买者和卖者，任何一个买者或卖者的个体行为，对市场供求的影响都是微不足道的；

(2) 市场进入或退出无障碍，生产要素的流动是自由的，限制很少或代价很低；

(3) 市场上的产品和要素具有同质性，对交易者无差异；

(4) 买卖双方对市场拥有充分而对称的信息，可以据此做出正确决策；

(5) 买卖双方不存在交易成本。

根据上述5个假设，可知完全竞争市场的基本特征：

(1) 商品的市场价格是既定常数 P_0；家庭和厂商都只是商品价格的接受者；

(2) 家庭的消费决策或厂商的产量决策都只能按照商品的既定市场价格 P_0 进行调整；

(3) 市场均衡是全体参与者决策行为的共同结果。

2. 完全竞争市场中的定义方程

家庭总支出 TE(Total Expenditure)：指按既定价格 P_0 所有家庭对商品消费量 q 的支出总额，是商品价格 P_0 与商品消费总量 q 之积。记为：$TE(q)=P_0q$。

厂商总收益 TR(Total Revenue)：指厂商提供的产品数量 q 与产品价格 P_0 之积。记为：$TR(q)=P_0q$。

显见，$TE(q)=TR(q)$。

厂商利润函数 $\pi(q)$：指厂商的总收益 TR 与总成本 TC 之差。记为：

$$\pi(q)=TR(q)-TC(q)=P_0q-TC(q)$$

3. 完全竞争市场中的行为方程

家庭需求价格函数 $Q_d=f(P)$：因为无论家庭消费多少商品，商品的价格 P_0 不变。故家庭需求价格函数为 $P\equiv P_0$；

厂商供给价格函数 $Q_s=f(P)$：因为无论厂商供给多少商品，商品的价格 P_0 不变。厂商供给价格函数为 $P\equiv P_0$；

厂商总成本 $TC=TC(q)$。

【练习】试求：完全竞争市场的厂商平均收益函数 AR(Average Revenue) 和厂商边际收益函数 MR(Marginal Revenue)，并说明它们的关系。

分析：$AR(q)=\dfrac{TR(q)}{q}=P_0$；$MR(q)=\dfrac{\mathrm{d}TR(q)}{\mathrm{d}q}=P_0$。

二、不完全竞争市场

完全竞争市场的假设非常苛刻，几乎没有行业可以满足。但完全竞争市场理论能够充分说明市场机制在资源配置中的作用，是各种市场结构的理论基础。在现实经济中普遍存在的是不完全竞争市场。

1. 完全垄断市场

(1) 完全垄断市场基本特征

完全垄断市场，又称卖方垄断市场。是仅有一个供给者和众多需求者的产品市场。基本特征是：

① 厂商就是产业：完全垄断产业仅有一个厂商提供整个产业的产销量；

② 厂商是价格制定者：完全垄断企业控制整个行业的供给，也就控制了整个行业商品的价格；

③ 垄断产品无替代品：完全垄断企业提供的产品没有替代品，其需求交叉价格弹性 $E_{X_Y} = 0$；

④ 市场进入或退出存在障碍，其他企业难以参与竞争；

⑤ 厂商实行价格歧视：企业可根据销售情况实行不同的价格歧视；通过控制产量和价格两个变量使利润最大化。

(2) 完全垄断市场中的定义方程

厂商总收益：$TR(q) = Pq$

厂商利润函数：$\pi(q) = TR(q) - TC(q) = Pq - TC(q)$

其中 P—— 价格，q—— 产量。

(3) 完全垄断市场中的行为方程

厂商逆需求函数：$P = g(q)$

厂商成本函数：$TC = TC(q)$

【练习】试证：在完全垄断市场中，厂商的边际收益 MR 小于平均收益 AR。

分析：因为厂商总收益 $TR(q) = Pq = q \cdot g(q)$，其平均收益 AR 为：

$$AR(q) = \frac{TR(q)}{q} = \frac{q \cdot g(q)}{q} = g(q);$$

$$MR(q) = \frac{\mathrm{d}TR(q)}{\mathrm{d}q} = \frac{\mathrm{d}[q \cdot g(q)]}{\mathrm{d}q} = g(q) + q \cdot g'(q) = AR + q\frac{\mathrm{d}P}{\mathrm{d}q}$$

又根据需求规律（需求量 q 是价格 P 的单调递减函数）和反函数连续性质，得逆需求函数 $P = g(q)$ 也是单调递减函数。故有

$$\frac{\mathrm{d}P}{\mathrm{d}q} < 0$$

从而 $MR(q) = AR + q\frac{\mathrm{d}P}{\mathrm{d}q} < AR$ 成立。

【思考】在完全垄断市场中，是否产品价格 P 越高，厂商的收益就增加得越多呢？

【例1】在完全垄断市场中，试证：

随着产品价格上升，厂商的收益增加（减少或不变）的充要条件分别是：产品的需求弹性缺乏（富有或单一弹性）。从数学上表示：

设完全垄断市场的厂商收益函数为 $TR(q)$，需求弹性为 $|E_{dp}|$，则：

$$\begin{cases} TR'(q) > 0 \Leftrightarrow |E_{dp}| < 1 \\ TR'(q) < 0 \Leftrightarrow |E_{dp}| > 1 \\ TR'(q) = 0 \Leftrightarrow |E_{dp}| = 1 \end{cases}$$

证明：设市场需求函数为 $q(P)$，则厂商收益函数为

$$TR[q(P)] = P \cdot q(P)$$

利用两个函数乘积求导法则，对厂商收益函数 $TR(P)$ 对产品价格 P 求导得：

$$TR'(P) = [P \cdot q(P)]' = q + P\frac{\mathrm{d}q}{\mathrm{d}P} = q\left(1 + \frac{P}{q}\frac{\mathrm{d}q}{\mathrm{d}P}\right)$$

由需求规律（需求量 q 是价格 P 的单调递减函数），即：$\frac{\mathrm{d}P}{\mathrm{d}q} < 0$，有

$$TR'(P) = q\left(1 + \frac{P}{q}\frac{\mathrm{d}q}{\mathrm{d}P}\right) = q(1 - |E_{dp}|)$$

故得证。

2. 垄断竞争市场

在现实经济中，完全竞争与完全垄断是两种极端。现实中的市场类型，一般都是介于完全竞争与完全垄断之间的，既有竞争又有垄断，垄断竞争市场是常见的一种。

垄断竞争市场基本假设：

① 市场有限影响性：存在许多企业，只是市场价格的影响者，不是市场价格的控制者。

② 产品有限替代性：每个企业的产品具有一定的差异性，不能完全被替代，但也有一定的替代性，每个企业既是该产品的垄断者又是竞争者；

③ 进出行业容易性：企业进出该行业的障碍较小。

3. 寡头垄断市场

寡头垄断市场是介于完全竞争与完全垄断之间常见的另一种市场类型。

寡头垄断市场基本假设：

① 市场相互依存制约性：同一行业只有少数几个企业垄断市场，买个对市场都有举足轻重的影响，竞争十分激烈，相互依存，彼此制约，任何企业的决策作出都需要考虑对手的决策。一企业的供给函数，在数学上可表示为：

$$D_{d1} = f(P_1, P_2, \cdots, P_n)$$

其中 $P_1, P_2, \cdots, P_n$ 分别表示同一行业 n 个企业产品的价格。

② 进出行业困难性：企业进出该行业的障碍较大。

在众多的影响决策的变量中，最主要的有两个：价格和产量。市场上可能存在率先确定价格或产量的企业，称为价格（产量）领导者；随后的企业称为价格（产量）追随者。另一方面，同行 n 个企业在作出决策时，并不知道对方的决策，每个企业只能利用猜测对手

而作出决策，这时存在两种可能：每个企业同时决策价格或产量；这称为联合对策。最后，还存在同行 n 个企业进行串谋的合作博弈。因此，寡头垄断市场可分成：

产量领导（Stackelberg 模型）、价格领导、联合定产（Cournot 模型）、联合定价（Bertrand 模型）和合作博弈（Cartel 均衡模型）。

第三章 线性代数与静态均衡分析

第一节 线性代数基本思想

一、线性代数思想简介

线性代数是古老而年轻的数学分支。它最原始的问题就是解线性方程组，这类问题几乎与数学本身一样古老，远在公元前三千多年的巴比伦数学中就出现了方程组的问题。但是，直到19世纪末才初具规模，20世纪30年代才成为一门独立的学科。

对于两(三)个未知数、两(三)个方程的线性方程组，很多国家在很早就知道其解法。线性方程组的系统研究，由莱布尼兹在1678年左右开创。1693年，他从三个二元方程组中引入了行列式，现在称方程组的结式。麦克劳林在1729年左右开创了利用行列式方法求解两个、三个或四个未知数的线性方程组，并发表于他的遗著《代数通论》(1748)中。克拉姆在《代数曲线分析引论》(1750)中得到特殊的克拉姆法则。而关于n个未知数n个线性齐次方程的理论是由贝祖(Bezout)在1764年完成。第一个系统阐述行列式理论的数学家是范德蒙，他引入子式及余子式概念(1772)，是行列式理论的奠基人。拉普拉斯在论文《对积分和世界体系的探讨》(1772)一文中证明了范德蒙规则，得到了拉普拉斯展开定理。1773年，拉格朗日对三阶行列式给出了行列式的乘法规则；1812年比内(Binet，1786—1856)给出了一般的行列式的乘法规则。行列式第一个系统的、几乎是近代的处理来自于柯西。他在1815年的论文中证明了行列式的乘法定理，引入了行列式这个词和双重足标的记法等。舍尔克(Scherk，1798—1885)在《数学论文》(1825)中给出了行列式加法和常数乘行列式的规则。行列式记号的两条竖线是1841年凯莱(Cayley，1821—1895)。18世纪引进了一类问题：将二次曲线和二次曲面的方程进行变形，把主轴方向的轴作为坐标轴以简化方程，即二次型的标准化问题。柯西在1826年研究了二次曲线或二次曲面方程化简为只有二次项，并利用二次项符号进行分类。西尔维斯特(Sylvester，1814—1897)在1852年提出了他的“二次型惯性定律”。雅可比(Jacobi，1804—1851)重新发现并证明了该定律，并发表于1857年。1868年，魏尔斯特拉斯完成了二次型的理论，并将其推广到双线性型。

线性代数另一核心内容矩阵，从逻辑上，矩阵概念先于行列式概念；而在历史上的顺序刚好相反。正是如此，矩阵概念还没有出现之前，矩阵的很多基本性质在行列式的发展中已经建立起来了。矩阵这个词是西尔维斯特1850年首次使用，主要用于引用数字的矩形阵列而不能用行列式这个词时。矩阵论的创立者是凯莱。他关于矩阵第一篇重要论文

《矩阵论的研究报告》(1858) 中,引进了矩阵的基本概念和运算。矩阵论系统化的研究是德国数学家弗罗贝尼乌斯(Frobenius,1849—1917) 在 1877—1879 年的几篇论文,其中矩阵的秩的概念是他在1879 年引进的。关于代数学的更进一步的内容,请参见拙著《代数学基本思想》。

二、均衡的含义

均衡是指选定的一组具有内在联系的变量,经过彼此调整,从而使这些变量所构成的模型不存在内在的变化倾向的一种状态。其中:

"选定的":指该均衡状态仅与选定的特定变量集合有关;若模型扩大,包含另外的变量,均衡状态可能不存在。

"内在联系":指为了实现均衡状态,模型中的所有变量同时处于静止状态,且每一变量的静止状态是一致的。

"内在的":指均衡所涉及的静止状态仅与以模型内部力量的平衡为基础,而假定外部因素不变,即参数和外部变量视为常数。

均衡分为:非目标均衡和目标均衡。非目标均衡是指不是由于对特定目标的刻意追求,而是由于非个人的经济力量相互作用与调节所致,包括静态均衡分析和比较静态均衡分析;目标均衡是指给定经济单位(如家庭、企业或整个经济) 主动谋求而实现的最优均衡状态,包括优化理论。

第二节　局部和一般市场均衡分析

静态均衡模型的标准问题:求出满足模型均衡条件的一组内生变量的值。

一、局部市场均衡分析

【例 1】孤立市场价格决定模型:

考察市场上仅有一种商品情况,该模型只需假设三个内生变量:商品需求量 q_d、商品供给量 q_s 和商品价格 P。市场均衡条件:假设当且仅当市场出清(即超额需求 $e = q_d - q_s = 0$) 时,市场实现均衡。再假设商品需求量 q_d 是价格 P 的递减函数;商品供给量 q_s 是价格 P 的递增函数;为了简便起见,假定它们都是线性函数,且满足条件:商品供给发生在某一特定价格之上。试进行市场均衡分析。该模型包括一个均衡条件和两个行为方程,在数学上模型表示为:

$$\begin{cases} q_d = q_s \\ q_d = a_0 - a_1 P \quad (a_0, a_1 > 0) \\ q_s = -b_0 + b_1 P \quad (b_0, b_1 > 0) \end{cases}$$

其中参数 $a_0, a_1, b_0, b_1 > 0$,且满足 $a_0 b_1 - a_1 b_0 > 0$。试求均衡价格 P^* 和均衡产量 q^*。

解:原方程组变形为:

$$\begin{cases} q_d - q_s = 0 \\ q_d + a_1 P = a_0 & (a_0, a_1 > 0) \\ q_s - b_1 P = - b_0 & (b_0, b_1 > 0) \end{cases}$$

利用解线性方程组的理论，该方程组的矩阵形式$AX = b$为：

$$\begin{pmatrix} 1 & -1 & 0 \\ 1 & 0 & a_1 \\ 0 & 1 & -b_1 \end{pmatrix} \begin{pmatrix} q_d \\ q_s \\ P \end{pmatrix} = \begin{pmatrix} 0 \\ a_0 \\ -b_0 \end{pmatrix}$$

其中$A = \begin{pmatrix} 1 & -1 & 0 \\ 1 & 0 & a_1 \\ 0 & 1 & -b_1 \end{pmatrix}$，$X = \begin{pmatrix} q_d \\ q_s \\ P \end{pmatrix}$，$b = \begin{pmatrix} 0 \\ a_0 \\ -b_0 \end{pmatrix}$

（方法一）利用 Cramer 法则，求得模型中的三个内生变量q_d、q_s和P的均衡值：

$$P^* = \frac{a_0 + b_0}{a_1 + b_1}, q^* = q_d^* = q_s^* = \frac{a_0 b_1 - a_1 b_0}{a_1 + b_1}$$

（方法二）利用逆矩阵求解。由于$|A| = -(a_1 + b_1) \neq 0$，故矩阵$A$可逆，且

$$A^{-1} = -\frac{1}{a_1 + b_1} \begin{pmatrix} -a_1 & -b_1 & -a_1 \\ b_1 & -b_1 & -a_1 \\ 1 & -1 & 1 \end{pmatrix}$$

则：

$$X = A^{-1} b = \begin{pmatrix} q_d \\ q_s \\ P \end{pmatrix} = \begin{pmatrix} \dfrac{a_0 b_1 - a_1 b_0}{a_1 + b_1} \\ \dfrac{a_0 b_1 - a_1 b_0}{a_1 + b_1} \\ \dfrac{a_0 + b_0}{a_1 + b_1} \end{pmatrix}$$

【注】该模型为了简便起见，假定商品需求函数q_d和供给函数q_s都是该商品价格P的线性函数。但现实中的需求函数和供给函数要复杂得多，可以是二次、三次以及超越函数等。

【练习】求出下列模型的均衡解。

（1）$\begin{cases} q_d = q_s \\ q_d = 4 - P^2 \\ q_s = 4P - 1 \end{cases}$　　（2）$\begin{cases} q_d = q_s \\ q_d = 8 - P^2 \\ q_s = P^2 - 2 \end{cases}$

二、一般市场均衡分析

在孤立市场价格决定模型中，商品需求函数q_d和供给函数q_s都是假定为该商品价格P的函数。在现实经济中，没有一种商品是这样孤立存在的，每一种商品都有许多替代品

和互补品。因此，对一种商品需求函数和供给函数的更为实际的描述，不但要考虑到该商品自身价格的影响，还应考虑到许多相关产品的价格影响。当把其他产品的价格纳入模型结构中时，自然其他产品的价格和数量也必须一并纳入模型中成为扩展后模型的内生变量。

在孤立市场价格决定模型中，均衡条件为该商品超额需求为0（仅包含一个方程：$q_d = q_s$）。当同时考虑n种相关产品时，均衡条件要求：每一个商品都不存在超额需求，因此n种商品市场模型的均衡条件应该包含n个方程，每个方程代表一种商品，数学上表示为：$e_i = q_{di} - q_{si} = 0(i = 1,2,\cdots,n)$。若一个综合市场模型包括一个经济系统所有商品，该模型就是瓦尔拉斯一般均衡模型。

【例2】两种商品市场模型

为了简化起见，先考虑仅包含两种相互关联的商品的简单模型。

该模型包含的内生变量：商品1和商品2的需求量q_{d1}、q_{d2}、供给量q_{s1}、q_{s1}和价格P_1、P_2。市场均衡条件：当且仅当市场出清（即超额需求$e_i = q_{di} - q_{si} = 0(i = 1,2)$）时，市场实现均衡。仍假定需求函数和供给函数都是商品1和商品2的价格P_1、P_2的线性函数，在数学上模型表示为：

$$\begin{cases} q_{d1} = q_{s1} \\ q_{d1} = a_0 + a_1P_1 + a_2P_2 \\ q_{s1} = b_0 + b_1P_1 + b_2P_2 \\ q_{d2} = q_{s2} \\ q_{d2} = \alpha_0 + \alpha_1P_1 + \alpha_2P_2 \\ q_{s2} = \beta_0 + \beta_1P_1 + \beta_2P_2 \end{cases}$$

其中变量为：q_{d1}、q_{d2}、q_{s1}、q_{s1}、P_1、P_2；参数为：a_i、b_i、α_i、$\beta_i(i = 0,1,2)$，满足结果具有经济意义。试求均衡价格$P_1{}^*$、$P_2{}^*$和均衡产量$q_1{}^*$、$q_2{}^*$。

把模型变形为：

$$\begin{cases} q_{d1} - q_{s1} = 0 \\ q_{d2} - q_{s2} = 0 \\ q_{d1} - a_1P_1 - a_2P_2 = a_0 \\ q_{s1} - b_1P_1 - b_2P_2 = b_0 \\ q_{d2} - \alpha_1P_1 - \alpha_2P_2 = \alpha_0 \\ q_{s2} - \beta_1P_1 - \beta_2P_2 = \beta_0 \end{cases}$$

该模型的矩阵形式$\boldsymbol{AX} = b$为：

$$\begin{pmatrix}1 & -1 & 0 & 0 & 0 & 0\\0 & 0 & 1 & -1 & 0 & 0\\1 & 0 & 0 & 0 & -a_1 & -a_2\\0 & 1 & 0 & 0 & -b_1 & -b_2\\0 & 0 & 1 & 0 & -\alpha_1 & -\alpha_2\\0 & 0 & 0 & 1 & -\beta_1 & -\beta_2\end{pmatrix}\begin{pmatrix}q_{d1}\\q_{s1}\\q_{d2}\\q_{s2}\\P_1\\P_2\end{pmatrix}=\begin{pmatrix}0\\0\\a_0\\b_0\\\alpha_0\\\beta_0\end{pmatrix}$$

【练习】试求模型的均衡解：

$$(1)\begin{cases}q_{d1}=q_{s1}\\q_{d1}=10-2P_1+P_2\\q_{s1}=-2+3P_1\\q_{d2}=q_{s2}\\q_{d2}=15+P_1-P_2\\q_{s2}=-1+2P_2\end{cases}\qquad(2)\begin{cases}q_{d1}=q_{s1}\\q_{d1}=18-3P_1+P_2\\q_{s1}=-2+4P_1\\q_{d2}=q_{s2}\\q_{d2}=12+P_1-2P_2\\q_{s2}=-2+3P_2\end{cases}$$

2. n 种商品一般市场模型

当市场包含 n 种商品，该模型包含的内生变量：n 种商品的需求量 $q_{di}(i=1,2,\cdots,n)$、供给量 $q_{si}(i=1,2,\cdots,n)$ 和价格 $P_i(i=1,2,\cdots,n)$。市场均衡条件：当且仅当市场出清（即超额需求 $e_i=q_{di}-q_{si}=0(i=1,2,\cdots,n)$）时，市场实现均衡。在数学上模型表示为：

$$\begin{cases}q_{di}=q_{si},(i=1,2,\cdots,n)\\q_{di}=q_{di}(P_1,P_2,\cdots,P_n),(i=1,2,\cdots,n)\\q_{si}=q_{si}(P_1,P_2,\cdots,P_n),(i=1,2,\cdots,n)\end{cases}$$

共 $3n$ 个方程组成的方程组。若假定需求函数和供给函数都是 n 种商品的价格 $P_i(i=1,2,\cdots,n)$ 的线性函数，则模型为：

$$\begin{cases}q_{di}=q_{si},(i=1,2,\cdots,n)\\q_{di}=a_{i0}+a_{i1}P_1+a_{i2}P_2+\cdots+a_{in}P_n,(i=1,2,\cdots,n)\\q_{si}=b_{i0}+b_{i1}P_1+b_{i2}P_2+\cdots+b_{in}P_n,(i=1,2,\cdots,n)\end{cases}$$

要解决这一均衡问题，需要线性方程组的基本理论。

三、凯恩斯国民收入模型

【例 3】（国民收入模型）

设模型的内生变量为：国民收入 Y、消费支出 C、向政府支付税额 T；外生变量为：投资 I_0 和政府支出 G_0；均衡条件：国民收入 = 总支出（$C+I_0+G_0$）；两个行为方程：消费函数和税收函数。其中假定消费函数 C 与可支配收入（$Y-T$）成比例，税收函数 T 与国民收入 Y 成比例。该模型表示为：

$$\begin{cases} Y = C + I_0 + G_0 \\ C = \alpha + \beta(Y - T), (\alpha > 0, 0 < \beta < 1) \\ T = \gamma + \delta Y, (\gamma > 0, 0 < \delta < 1) \end{cases}$$

其中参数为 α、β、γ、δ。每个参数均有经济含义：

$\alpha > 0$：自发消费，表示可支配收入 $(Y - T)$ 为零时，消费 C 仍是正的；

$0 < \beta < 1$：表示边际消费倾向；

$\gamma > 0$：表示国民收入 $Y = 0$，政府仍有正的税收（源于税基而非收入）；

$0 < \delta < 1$：表示收入税率。

试求：内生变量的均衡解 Y^*、C^* 和 T^*。

解：模型变形为：

$$\begin{cases} Y - C = I_0 + G_0 \\ -\beta Y + C + \beta T = \alpha \\ -\delta Y + T = \gamma \end{cases}$$

其矩阵形式 $AX = b$ 为：

$$\begin{pmatrix} 1 & -1 & 0 \\ -\beta & 1 & \beta \\ -\delta & 0 & 1 \end{pmatrix} \begin{pmatrix} Y \\ C \\ T \end{pmatrix} = \begin{pmatrix} I_0 + G_0 \\ \alpha \\ \gamma \end{pmatrix}$$

利用 Cramer 法则或逆矩阵，可以解出均衡解 Y^*：

$$Y^* = \frac{\alpha - \beta\gamma + I_0 + G_0}{1 - \beta + \beta\delta}$$

同理，可解出 C^* 和 T^*。

【练习】求模型均衡解 Y、C：

$$\begin{cases} Y = C + I_0 + G_0 \\ C = 25 + 6Y^{\frac{1}{2}} \end{cases}$$

$$I_0 = 16, G_0 = 14$$

四、n 个贸易国家国际商品市场均衡模型

一个国家经济变化对该国家进行贸易的另一个国家的经济有影响。为了简单起见，现在考虑仅有 3 个贸易国家的宏观模型。假定仅考虑商品市场，忽略货币市场；假设所有汇率固定不变，各国没有政府支出和税收。该模型的内生变量为：各国收入 Y_i、消费 C_i、出口 X_i、进口 M_i；外生变量：投资 I_i。各国均衡条件：总收入 Y_i = 总支出$[(C_i + I_i) + X_i - M_i]$；假设各国消费 C_i 和对进口支出 M_i 都是收入水平的一个正比例。模型表示为：

$$\begin{cases} Y_i = C_i + I_i + X_i - M_i, i = 1,2,3 \\ C_i = c_i Y_i, (0 \leqslant c_i < 1), i = 1,2,3 \\ M_1 = m_1 Y_1 = m_{12} Y_1 + m_{13} Y_1 \\ M_2 = m_2 Y_2 = m_{21} Y_2 + m_{23} Y_2 \\ M_3 = m_3 Y_3 = m_{31} Y_3 + m_{32} Y_3 \\ X_1 = m_{21} Y_2 + m_{31} Y_3 \\ X_2 = m_{12} Y_1 + m_{32} Y_3 \\ X_3 = m_{13} Y_1 + m_{23} Y_2 \end{cases}$$

其中参数为：c_i、$m_{ij}(i,j = 1,2,3)$。试求其均衡解。

【注】进口 $M_1 = m_1 Y_1 = m_{12} Y_1 + m_{13} Y_1$：表示国家1的进口 M_1 来自于对国家2的进口 $m_{12} Y_1$（其中 m_{12} 表示国家1的收入用于对国家2的进口比例）和国家3的进口 $m_{13} Y_1$；

出口 $X_1 = m_{21} Y_2 + m_{31} Y_3$：表示国家1的出口 X_1 等于国家2和国家3从国家1进口的数量之和（$m_{21} Y_2 + m_{31} Y_3$）。

【练习】在3个贸易国家国际商品市场均衡模型中，已知：

$$c_1 = \frac{4}{5}, c_2 = \frac{3}{4}, c_3 = \frac{2}{3}, I_1 = 1894, I_2 = 947, I_3 = 2841$$

$$m_{12} = \frac{1}{4}, m_{21} = \frac{1}{10}, m_{31} = \frac{1}{6}, m_{13} = \frac{1}{5}, m_{23} = \frac{1}{5}, m_{32} = \frac{1}{10}$$

试求其均衡解 Y_i、X_i 和 M_i。

第三节 列昂惕夫投入—产出模型分析

投入产出分析是由美国经济学家列昂惕夫在1936年提出。在获得1973年度的诺贝尔经济学奖时，瑞典皇家科学院的贺词是："列昂惕夫教授是投入分析方法的创始人。投入产出分析为研究社会生产各部门之间的相互依赖关系，特别是系统地分析经济内部各产业之间错综复杂的交易提供了一种实用的经济分析方法……事实表明，投入产出分析不只在各种长期及短期预测和计划中得到了广泛的应用，而且适用于不同经济制度下的预测和计划，无论是自由竞争的市场经济还是中央计划经济。"

一、投入产出分析简史

投入产出分析理论的创始人列昂惕夫，美国经济学家和统计学家。1906年出生于俄国，1925年毕业于列宁格勒大学（现圣彼得堡大学），1928年在德国柏林大学获经济学博士学位，毕业后到美国经济研究局任助理研究员，1932—1975年在哈佛大学工作，1974年作为"唯一的和无可争辩的投入产出分析的创始人"荣获1973年度诺贝尔经济学奖，1975年以后到纽约大学工作，1999年2月5日去世。

投入产出分析理论起源于两个方面：一是源于1758年法国经济学家魁奈（Quesnay）

提出的“经济表”、19 世纪卡尔·马克思提出的两个部门再生产模型，尤其是由法国经济学家瓦尔拉斯 1874 年创立的一般均衡理论，该理论后经帕累托、希克斯、谢尔曼、萨缪尔森、阿罗、德布鲁及麦肯齐(Mckenzie)等经济学家发展成为现代一般均衡理论。二是受20世纪20年代苏联编制平衡表的影响；这是苏联实行计划经济要求用计划来指导国民经济发展，1924 年苏联中央统计局编制了 1923 年至 1924 年国民经济平衡表，指出国民经济各部门之间存在连锁联系，并以棋盘式平衡表的形式研究国民经济各部门和各种主要产品的生产与消耗之间的平衡问题。这些平衡表当时在苏联受到批判，认为体现的是资产阶级《均衡论》，而不是马克思《再生产理论》；导致最早编制了国民经济平衡表，出现了投入产出分析萌芽的苏联与投入产出分析理论失之交臂，有幸的是，列昂惕夫有效地吸收了这些重要思想，让它在美国开花结果。

列昂惕夫在 1933 年开始投入产出分析的研究，1936 年，在美国《经济统计评论》上发表了“美国经济系统中投入产出的数量关系”一文，这是投入产出分析发表最早论文。1941 年，哈佛大学出版社出版了列昂惕夫的专著《美国经济结构》(1919—1929)；该书系统地论述了投入产出分析的原理和方法，并利用美国公布的统计资料编制了“美国经济 1919 年和 1929 年投入产出表”。全书分为三篇：第一篇是基本概念、方法和思想的来源；第二篇是理论结构；第三篇是统计资料的来源及处理。1951 年该书再版时，增加了“美国经济 1939 年投入产出表”。1953 年牛津大学出版社出版了列昂惕夫与切纳里、克拉克等著名学者合作的专著《美国经济结构研究，投入产出分析的理论与经验探讨》。该书包括理论和应用两部分：在理论部分，重点探讨了度量技术变动的方法，研究经济结构变动的技术，提出了列昂惕夫动态投入产出模型(连续性和离散型)和地区间投入产出模型等；在应用方面，研究和阐述了编制和应用投入产出表的资料来源、数据加工及分析应用等问题。在这些著作中，列昂惕夫提出了投入产出模型，奠定了投入产出分析的方法基础，从另一个角度开创了市场均衡的数量分析方法。

列昂惕夫在投入产出表基础上，将瓦尔拉斯用代数方程组表达的数学体系加以简化，运用简明的矩阵代数方法创造性地建立了投入产出数学模型。该模型利用矩阵和向量等把最终需求通过列昂惕夫逆矩阵与总产出联系了起来。但要使投入产出法成为实际可运用的统计分析方法，列昂惕夫必须解决三大难题：第一，建立并明确表达出经济系统中各部门之间的联系；第二，用统计方法估计经济系统中各部门之间的各种系数，尤其需要解决求解大型矩阵逆矩阵的问题；第三，证明各部门之间的投入产出系数的稳定性，这是投入产出法的基本假设。1933—1944 年这十多年，列昂惕夫致力于解决这些问题。在 1936 年的成就中列昂惕夫第一次用计算机进行矩阵的求逆运算，直到 20 世纪 80 年代还使用过超级计算机求解世界经济模型的超大矩阵运算；1944 年列昂惕夫编制美国1939 年投入产出表，才得出投入产出系数稳定性的结论。从而完成了投入产出方法的创立工作。此后的 1948 年，列昂惕夫在哈佛大学创立了“哈佛经济研究计划”，专门从事投入产出法的研究和推广，培养了一批投入产出学者。

当然，投入产出方法一开始并没有被美国经济学界和美国政府重视。但在第二次世界大战中，美国总统罗斯福订购 5 万架军用飞机，有关部门考虑了对铝的消耗，却没有考虑到飞机会消耗大量铜(完全消耗)，结果引起铜的严重短缺，最后迫使向国库借白银作为产铝过程中输电等之用。这使得管理者意识到使用科学的管理方法进行生产和调度的重要性。1944 年美国劳动统计局在列昂惕夫指导下，编制的美国 1939 年投入产出表（包括 96 个生产部门）问世，立刻得到美国军方和一些政府部门的重视。美国劳动统计局还利用 1939 年投入产出表计算了美国 1945 年年底的就业状况。第二次世界大战后，美国劳动统计局与空军合作，编制了 1947 年投入产出表，这是美国官编制的第一个大型投入产出表（包括 500 多个生产部门），耗资 150 万美元。随后，编制了 1958 年、1963 年、1966 年、1972 年等投入产出表。投入产出方法很快传播到世界很多国家：20 世纪 50 年代以前，编制投入产出表的国家仅有美国、英国、丹麦、荷兰、挪威、加拿大和澳大利亚七个国家；20 世纪 50 年代，很多发达国家如日本，发展中国家如埃及、马来西亚、赞比亚等开始编制；20 世纪 50 年代末，苏联和东欧国家也开始编制，1961 年苏联中央统计局编制了价值型和实物型投入产出表，随后又编制了 1966 年和 1972 年投入产出表等；中国在 1971 年由中国科学院发起编制了 1973 年国民经济投入产出表，之后，编制了 1979 年，1981 年投入产出表，国务院决定从 1987 年开始，每隔 5 年进行一次较大规模的投入产出调查，以编制全国投入产出表；时至 2000 年，有 100 多个国家编制和应用投入产出表。1968 年联合国统计局的《国民核算体系》一书，把投入产出表作为新的国民核算体系中的一个重要组成部分。1973 年联合国统计局出版了《投入产出表和分析》一书。从 1950 年在荷兰开始召开第一届国际投入产出技术会议，截至 2012 年，已召开了 19 届国际投入产出技术会议，其中 2005 年 6 月 27 日至 7 月 1 日首次在中国北京召开。1988 年国际投入产出协会成立，选举列昂惕夫和另一诺贝尔经济学家获得者国民核算创始人斯通（Stone）为国际投入产出协会名誉主席。

二、投入产出分析基本概念

投入产出分析中的“投入”：指一个系统进行某项活动过程中的消耗。包括中间投入与最初投入两部分。中间投入指生产过程中对各部门的消耗；最初投入指生产过程中对初始要素（如固定资产、劳动等）的消耗。

投入产出分析中的“产出”：指一个系统进行某项活动过程的结果。

投入产出分析：指利用数学方法研究某个（经济）系统各项活动中的投入与产出之间的数量关系，特别是研究和分析国民经济各个部门在产品的生产和消耗之间数量依存关系的一门学科。

投入产出模型分类：

（1）按分析时期不同，可分为：静态模型和动态模型；静态模型又分为：静态开模型、静态闭模型和静态局部闭模型三类。

（2）按计量单位不同，可分为：价值型投入产出模型、实物型投入产出模型、劳动型投入产出模型、能源型投入产出模型、和混合型投入产出模型五大类。

（3）按编制范围不同，可分为：世界投入产出模型、全国投入产出模型、地区投入产出模型、部门投入产出模型、企业投入产出模型、地区（国家）间投入产出模型等。

（4）按编制时期不同，可分为：报告期投入产出模型和规划期投入产出模型两大类。下面只研究静态价值型投入产出表。

三、静态价值型投入产出表

1. 静态价值型投入产出表实例

【例 1】先给出一张简化的静态价值型投入产出表(见表 3 - 1):

表 3 - 1　　静态价值型投入产出表示例　　(单位:亿元)

投入＼产出		中间需求				最终需求				总产出
		1 农业	2 工业	3 其他	合计	消费	资本形成	净出口	合计	
中间投入	1 农业	200	200	0	400	450	100	50	600	1000
	2 工业	200	800	300	1300	500	250	- 50	700	2000
	3 其他	0	200	100	300	400	300	0	700	1000
	合计	400	1200	400	2000	1350	650	0	4000	
最初投入	固定资产折旧	50	100	50	200					
	从业人员报酬	400	350	300	1050					
	生产税净额	50	150	100	300					
	营业盈余	100	200	150	450					
	合计	600	800	600	2000					
总投入		1000	2000	1000	4000					

【注】摘自陈锡康,杨翠红等《投入产出技术》。

在水平方向上,描述了各部门产品的使用情况。各部门产品按其用途分为:中间需求和最终需求两部分。中间需求(又称中间产品或中间使用)指本时期在本系统内需要进行进一步加工的产品;最终需求(又称最终产品或最终使用)指本时期在本系统内已经最终加工完毕的产品,包括消费、资本形成和净出口。

以农业部门为例:农业部门总产出 = 1000 亿元。其中:中间需求 = 400 亿元,分配给农业 200 亿元,工业 200 亿元,其他部门 0 亿元;最终需求 = 600 亿元,分配给消费 450 亿元,资本形成 100 亿元,净出口 50 亿元。

在垂直方向上,描述了各部门生产过程中的消耗,即投入情况。各部门产品所需的投入分为:中间投入和最初投入两部分。中间投入指各部门在生产活动中对原材料、动力、服务等的消耗;最初投入(又称增加值)由固定资产折旧、从业人员报酬、生产税净额和营业盈余构成。

以农业部门为例:农业部门总投入 = 1000 亿元。其中:中间投入 = 400 亿元,消耗在农业部门 200 亿元,工业 200 亿元,其他部门 0 亿元;最初投入 = 600 亿元,其中固定资产折旧 50 亿元,从业人员报酬 400 亿元,生产税净额 50 亿元和营业盈余 100 亿元。

显然,总产出 = 总投入。

2. 静态价值型投入产出表一般形式

静态价值型投入产出表一般形式为(见表3－2):

表3－2 **静态价值型投入产出表结构**

<table>
<tr><td colspan="2" rowspan="2">产出
投入</td><td colspan="3">中间需求</td><td colspan="3">最终需求</td><td rowspan="2">总产出</td></tr>
<tr><td>部门1…</td><td>部门j…</td><td>部门n</td><td>消费</td><td>资本形成</td><td>净出口</td></tr>
<tr><td>中间投入</td><td>部门1
…
部门i
…
部门n</td><td colspan="3">Ⅰ
z_{ij}</td><td colspan="3">Ⅱ
f_i</td><td>x_i</td></tr>
<tr><td>最初投入</td><td>固定资产折旧
从业人员报酬
生产税净额
营业盈余</td><td colspan="3">Ⅲ
v_j</td><td colspan="3">Ⅳ</td><td></td></tr>
<tr><td colspan="2">总投入</td><td colspan="3">x_j</td><td colspan="3"></td><td></td></tr>
</table>

投入产出表的水平方向分为中间需求和最终需求,垂直方向分为中间投入和最初投入。故投入产出表分为四象限。其中:

(1) 第 Ⅰ 象限 —— 中间消耗关系矩阵

由中间投入和中间需求的交叉部分组成。水平和垂直方向的部门分类方式、数目及排列顺序完全一致,形成一个方阵。

从水平方向看,表示某部门i的产品用于满足各部门$j(=1,2,\cdots,n)$中间需求的情况,或者某部门i的产品在各部门$j(=1,2,\cdots,n)$间的分配。

从垂直方向看,表示某部门j对各个部门产品$i(=1,2,\cdots,n)$的中间消耗。

第 Ⅰ 象限描述了国民经济各部门之间的投入产出关系,故称为中间消耗关系矩阵或中间流量矩阵。是投入产出表中最重要的一个象限。z_{ij}表示第j部门对第i部门产品的直接消耗量。

(2) 第 Ⅱ 象限 —— 最终需求矩阵

第 Ⅱ 象限是第 Ⅰ 象限在水平方向上的延伸,由中间投入和最终需求的交叉部分组成,称为最终需求矩阵。

从水平方向看,表示某部门i的产品用作不同最终需求(消费、资本形成和净出口)的数量。

从垂直方向看,表示各种最终需求(消费、资本形成和净出口)的部门$i(=1,2,\cdots,n)$的构成情况。f_i表示部门i的产品作为最终需求的数量。

(3) 第 Ⅲ 象限 —— 增加值矩阵

第 Ⅲ 象限是第 Ⅰ 象限在垂直方向上的延伸,由最初投入和中间需求的交叉部分组成。称为最终投入矩阵或增加值矩阵。

从水平方向看，表示增加值某构成部分（固定资产折旧、从业人员报酬、生产税净额和营业盈余）的各部门 $j(=1,2,\cdots,n)$ 构成情况。

从垂直方向看，表示某部门 j 的增加值在各构成部分（固定资产折旧、从业人员报酬、生产税净额和营业盈余）的构成情况。v_j 表示部门 j 的增加值数量。

（4）第 Ⅳ 象限 —— 再分配矩阵

第 Ⅳ 象限由最初投入和最终需求交叉组成。称为再分配矩阵。由于资金运动和再分配运动过程较为复杂，目前编制投入产出表一般不考虑该象限。

四、静态价值型投入产出模型

1. 平衡关系

在投入产出表中，从水平方向看，存在行向平衡关系：

$$\text{中间需求} + \text{最终需求} = \text{总产出}$$

可以建立行平衡方程：

$$\sum_{j=1}^{n} z_{ij} + f_i = x_i,\quad i = 1,2,\cdots,n$$

从垂直方向看，存在列向平衡关系：

$$\text{中间投入} + \text{最初投入} = \text{总投入}$$

可以建立列平衡方程：

$$\sum_{i=1}^{n} z_{ij} + v_j = x_j,\quad j = 1,2,\cdots,n$$

实例中，农业部门的行向平衡关系：

$$[200 + 200 + 0] + [450 + 100 + 50] = 400 + 600 = 1000$$

农业部门的列向平衡关系：

$$[200 + 200 + 0] + [50 + 400 + 50 + 100] = 400 + 600 = 1000$$

【练习】试证：在投入产出表中，最终需求总和（$\sum_{i=1}^{n} f_i$）= 增加值总和（$\sum_{i=1}^{n} v_i$），即表中的第 Ⅱ 象限总和与第 Ⅲ 象限总和相等。

分析：对

$$\sum_{j=1}^{n} z_{ij} + f_i = x_i,\quad i = 1,2,\cdots,n$$

的 $i = 1,2,\cdots,n$ 求和，得：

$$\sum_{i=1}^{n}\left(\sum_{j=1}^{n} z_{ij}\right) + \sum_{i=1}^{n} f_i = \sum_{i=1}^{n} x_i$$

类似，对

$$\sum_{i=1}^{n} z_{ij} + v_j = x_j,\quad j = 1,2,\cdots,n$$

的 $j = 1,2,\cdots,n$ 求和，得：

$$\sum_{j=1}^{n}\left(\sum_{i=1}^{n}z_{ij}\right)+\sum_{j=1}^{n}v_j=\sum_{j=1}^{n}x_j$$

从而得：

$$\sum_{i=1}^{n}f_i=\sum_{i=1}^{n}v_i$$

这证明了全社会最终需求总和与全社会增加值总和相等。这说明国民生产总值可以从支出法和收入法两个角度进行核算。

2. 直接消耗系数

从投入产出表的列向来描述各部门之间的关系，可以定义直接消耗系数，它是投入产出模型中最重要的基本概念。

直接消耗系数 a_{ij} 定义为：

$$a_{ij}=\frac{z_{ij}}{x_j},\quad i,j=1,2,\cdots,n$$

表示部门 j 生产单位产品对相关部门 i 的产品的直接消耗量。称 a_{ij} 为第 j 部门对第 i 部门产品的直接消耗系数（又称技术系数或投入系数）；称 $\sum_{i=1}^{n}a_{ij}$ 为第 j 部门的中间投入率。其直接消耗系数矩阵形式为：

$$A=\begin{bmatrix}a_{11} & a_{12} & \cdots & a_{1n}\\ a_{21} & a_{22} & \cdots & a_{2n}\\ \vdots & \vdots & \cdots & \vdots\\ a_{n1} & a_{n2} & \cdots & a_{nn}\end{bmatrix}$$

实例中的直接消耗系数矩阵为：

$$A=\begin{bmatrix}0.2 & 0.1 & 0\\ 0.2 & 0.4 & 0.3\\ 0 & 0.1 & 0.1\end{bmatrix}$$

可以看出如：农业部门单位产出直接消耗 0.2 单位本部门产品，消耗 0.2 单位工业部门产品，对其他部门消耗为 0。

最初投入系数（又称增加值系数）a_{vj} 定义为：

$$a_{vj}=\frac{v_j}{x_j},\quad j=1,2,\cdots,n$$

a_{vj} 表示第 j 部门单位产出所获得的增加值。因此增加值系数又称为增加值率。其矩阵形式为：

$$A_v=[a_{v1},a_{v2},\cdots,a_{vn}]$$

实例中的增加值系数向量为：

$$A_v=[0.6,0.4,0.6]$$

【练习】试证：对每一个部门 j，中间投入率（$\sum_{i=1}^{n}a_{ij}$）与增加值率（a_{vj}）之和等于 1。即：

对每一个 $j=1,2,\cdots,n$,成立 $\sum_{i=1}^{n}a_{ij}+a_{vj}=1$。

分析:对

$$\sum_{i=1}^{n}z_{ij}+v_j=x_j,\quad j=1,2,\cdots,n$$

两边同时除以 x_j,得:

$$\sum_{i=1}^{n}\frac{z_{ij}}{x_j}+\frac{v_j}{x_j}=1,\quad j=1,2,\cdots,n$$

即

$$\sum_{i=1}^{n}a_{ij}+a_{vj}=1,\quad j=1,2,\cdots,n$$

【练习】(直接消耗系数性质)已知直接消耗系数矩阵A,试证:

(1)矩阵A为非负元素矩阵。

(2)矩阵A的列和小于1,即:$\sum_{i=1}^{n}a_{ij}<1$。

(3)矩阵$I-A$(I为单位矩阵)可逆,且矩阵A的最大特征根的模小于1。

分析:(1)因为各部门的中间流量值 z_{ij} 和总产出 x_j 均为非负值,即:

$$z_{ij}\geqslant 0,x_j\geqslant 0$$

故 $a_{ij}\geqslant 0$。

(2)增加值 $v_j>0$,故 $a_{vj}>0$。由 $\sum_{i=1}^{n}a_{ij}+a_{vj}=1$ 得:$\sum_{i=1}^{n}a_{ij}<1$。

(3)假设 λ 是矩阵A的特征根,则存在一个 n 维特征向量 x,满足:

$$Ax=\lambda x$$

两边取范数,得:

$$\|Ax\|=\|\lambda x\|=|\lambda|\|x\|$$

根据范数的性质,

$$\|Ax\|\leqslant\|A\|\cdot\|x\|$$

有

$$|\lambda|\leqslant\|A\|$$

取1范数(列和范数,矩阵中每一列元素绝对值之和的最大值),得

$$|\lambda|\leqslant\|A\|_1=\max_{j=1,2,\cdots,n}\left\{\sum_{i=1}^{n}|a_{ij}|\right\}$$

根据(1)(2)得

$$|\lambda|\leqslant\max_{j=1,2,\cdots,n}\left\{\sum_{i=1}^{n}|a_{ij}|\right\}<1$$

3. 列昂惕夫模型

(1)列昂惕夫逆矩阵

根据直接消耗系数 a_{ij} 定义

$$a_{ij}=\frac{z_{ij}}{x_j}\Rightarrow z_{ij}=a_{ij}x_j$$

代入行平衡方程：

$$\sum_{j=1}^{n}z_{ij}+f_i=x_i\Rightarrow\sum_{j=1}^{n}a_{ij}x_j+f_i=x_i,\quad i=1,2,\cdots,n$$

若令

$$\boldsymbol{x}=\begin{pmatrix}x_1\\x_2\\\vdots\\x_n\end{pmatrix},\quad \boldsymbol{F}=\begin{pmatrix}f_1\\f_2\\\vdots\\f_n\end{pmatrix}$$

则上式可表示为矩阵方程：

$$\boldsymbol{A}\boldsymbol{x}+\boldsymbol{F}=\boldsymbol{x}$$

其中

$$\boldsymbol{A}=\begin{bmatrix}a_{11}&a_{12}&\cdots&a_{1n}\\a_{21}&a_{22}&\cdots&a_{2n}\\\vdots&\vdots&\cdots&\vdots\\a_{n1}&a_{n2}&\cdots&a_{nn}\end{bmatrix}$$

由矩阵$\boldsymbol{I}-\boldsymbol{A}$可逆，得矩阵方程的解为：

$$\boldsymbol{x}=(\boldsymbol{I}-\boldsymbol{A})^{-1}\cdot\boldsymbol{F}$$

该方程称为列昂惕夫模型。反映了最终需求与总产出之间的关系，是投入产出分析中最核心、最重要的公式。其中矩阵$(\boldsymbol{I}-\boldsymbol{A})^{-1}$称为列昂惕夫逆矩阵，记为：

$$\tilde{\boldsymbol{B}}=(\boldsymbol{I}-\boldsymbol{A})^{-1}$$

该矩阵全面地揭示了国民经济各部门之间复杂的经济关联关系。

在实例中，

$$\boldsymbol{x}=\begin{pmatrix}1000\\2000\\1000\end{pmatrix},\ \boldsymbol{F}=\begin{pmatrix}600\\700\\700\end{pmatrix},\boldsymbol{A}=\begin{bmatrix}0.2&0.1&0\\0.2&0.4&0.3\\0&0.1&0.1\end{bmatrix}$$

$$\tilde{\boldsymbol{B}}=(\boldsymbol{I}-\boldsymbol{A})^{-1}=\begin{bmatrix}1.31&0.23&0.08\\0.46&1.85&0.62\\0.05&0.21&1.18\end{bmatrix}$$

$$\boldsymbol{x}=\tilde{\boldsymbol{B}}\boldsymbol{F}=(\boldsymbol{I}-\boldsymbol{A})^{-1}\cdot\boldsymbol{F}=\begin{bmatrix}1.31&0.23&0.08\\0.46&1.85&0.62\\0.05&0.21&1.18\end{bmatrix}\begin{pmatrix}600\\700\\700\end{pmatrix}=\begin{pmatrix}1000\\2000\\1000\end{pmatrix}$$

(2) 增加值率对角阵

把直接消耗系数 a_{ij} 定义，代入列平衡方程：

$$\sum_{i=1}^{n}a_{ij}x_j+v_j=x_j,\quad j=1,2,\cdots,n$$

若令

$$\hat{\boldsymbol{\Phi}} = \begin{bmatrix} \sum_{i=1}^{n} a_{i1} & 0 & \cdots & 0 \\ 0 & \sum_{i=1}^{n} a_{i2} & \cdots & 0 \\ 0 & 0 & \ddots & \vdots \\ 0 & 0 & \cdots & \sum_{i=1}^{n} a_{in} \end{bmatrix}, \boldsymbol{x} = \begin{pmatrix} x_1 \\ x_2 \\ \vdots \\ x_n \end{pmatrix}, \boldsymbol{V} = \begin{pmatrix} v_1 \\ v_2 \\ \vdots \\ v_n \end{pmatrix}$$

则上式可表示为矩阵方程：

$$\hat{\boldsymbol{\Phi}}\boldsymbol{x} + \boldsymbol{V} = \boldsymbol{x}$$

由于 $0 < \sum_{i=1}^{n} a_{ij} < 1$，得对角阵 $\boldsymbol{I} - \hat{\boldsymbol{\Phi}}$ 可逆。于是

$$\boldsymbol{x} = (1 - \hat{\boldsymbol{\Phi}})^{-1} \cdot \boldsymbol{V}$$

其中矩阵 $\hat{\boldsymbol{\Phi}}$ 称为中间投入率对角阵；$\boldsymbol{I} - \hat{\boldsymbol{\Phi}}$ 为增加值率对角阵。

该模型表示各部门的增加值除以其对应的增加值率等于该部门的总产出，反映了各部门总产出和增加值之间的逆向运算关系。

在实例中，

$$\hat{\boldsymbol{\Phi}} = \begin{bmatrix} 0.4 & 0 & 0 \\ 0 & 0.6 & 0 \\ 0 & 0 & 0.4 \end{bmatrix}, (\boldsymbol{I} - \hat{\boldsymbol{\Phi}})^{-1} = \begin{bmatrix} 1.7 & 0 & 0 \\ 0 & 2.5 & 0 \\ 0 & 0 & 1.7 \end{bmatrix}, \boldsymbol{V} = \begin{pmatrix} 600 \\ 800 \\ 600 \end{pmatrix}$$

$$\boldsymbol{x} = (1 - \hat{\boldsymbol{\Phi}})^{-1} \cdot \boldsymbol{V} = \begin{bmatrix} 1.7 & 0 & 0 \\ 0 & 2.5 & 0 \\ 0 & 0 & 1.7 \end{bmatrix} \begin{pmatrix} 600 \\ 800 \\ 600 \end{pmatrix} = \begin{pmatrix} 1000 \\ 2000 \\ 1000 \end{pmatrix}$$

4. 直接分配系数

(1) 直接分配系数定义

从投入产出表的行向来考察各部门之间的关系，可以定义直接分配系数。

直接分配系数(又称产出系数)定义为：

$$h_{ij} = \frac{z_{ij}}{x_i}, i,j = 1,2,\cdots,n$$

z_{ij} 从行向上看，表示部门 i 分配(或投入)到部门 j 的产品数量。直接分配系数 h_{ij} 表示部门 i 的单位产出中部门 j 所能分配到的产品数量。n 个部门的直接分配系数矩阵为：

$$\boldsymbol{H} = \begin{bmatrix} h_{11} & h_{12} & \cdots & h_{1n} \\ h_{21} & h_{22} & \cdots & h_{2n} \\ \vdots & \vdots & \cdots & \vdots \\ h_{n1} & h_{n2} & \cdots & h_{nn} \end{bmatrix}$$

【练习】(直接分配系数矩阵性质)已知直接分配系数矩阵 $\boldsymbol{H}$，试证：

① 矩阵 $\boldsymbol{H}$ 为非负元素矩阵。

② 存在满秩非负矩阵$\hat{X}$，使得$H = \hat{X}^{-1}A\hat{X}$，即矩阵H和矩阵A是相似矩阵。

③ 矩阵$I - H$可逆。

(2) 需求率矩阵

将直接分配系数定义

$$h_{ij} = \frac{z_{ij}}{x_i} \Rightarrow z_{ij} = h_{ij}x_i$$

代入行平衡方程，得

$$\sum_{j=1}^{n} h_{ij}x_i + f_i = x_i, \quad i = 1,2,\cdots,n$$

令

$$\hat{\Psi} = \begin{bmatrix} \sum_{j=1}^{n} h_{1j} & 0 & \cdots & 0 \\ 0 & \sum_{j=1}^{n} h_{2j} & \cdots & 0 \\ \vdots & \vdots & \ddots & \vdots \\ 0 & 0 & \cdots & \sum_{j=1}^{n} h_{nj} \end{bmatrix}, x = \begin{pmatrix} x_1 \\ x_2 \\ \vdots \\ x_n \end{pmatrix}, F = \begin{pmatrix} f_1 \\ f_2 \\ \vdots \\ f_n \end{pmatrix}$$

则上式可表示为矩阵方程：

$$\hat{\Psi}x + F = x$$

由于一般情况下各部门均有最终产品，即$1 - \sum_{j=1}^{n} h_{ij} \neq 0$成立，得矩阵$I - \hat{\Psi}$可逆。于是，矩阵方程解得

$$x = (I - \hat{\Psi})^{-1} \cdot F$$

该模型表示各部门的最终需求除以相应的最终需求率等于该部门的总产出，反映了总产出与最终产出之间的逆向运算关系。

其中，矩阵$\hat{\Psi}$为中间需求率矩阵，反映中间需求总计占总产出的比重；矩阵$I - \hat{\Psi}$为最终需求率矩阵，反映最终需求总计占总产出的比重。

在实例中，

$$\hat{\Psi} = \begin{bmatrix} 0.4 & 0 & 0 \\ 0 & 0.65 & 0 \\ 0 & 0 & 0.3 \end{bmatrix}, (I - \hat{\Psi})^{-1} = \begin{bmatrix} 1.67 & 0 & 0 \\ 0 & 2.86 & 0 \\ 0 & 0 & 1.43 \end{bmatrix},$$

$$x = (I - \hat{\Psi})^{-1} \cdot F = \begin{bmatrix} 1.67 & 0 & 0 \\ 0 & 2.86 & 0 \\ 0 & 0 & 1.43 \end{bmatrix} \begin{pmatrix} 600 \\ 700 \\ 700 \end{pmatrix} = \begin{pmatrix} 1000 \\ 2000 \\ 1000 \end{pmatrix}$$

(3) Ghosh 模型

将直接分配系数定义

$$h_{ij} = \frac{z_{ij}}{x_i} \Rightarrow z_{ij} = h_{ij}x_i$$

代入列平衡方程，得

$$\sum_{i=1}^{n} h_{ij}x_i + v_j = x_j,\quad j = 1,2,\cdots,n$$

其矩阵方程为：

$$\boldsymbol{H}'\boldsymbol{x} + \boldsymbol{V} = \boldsymbol{x}$$

其中

$$\boldsymbol{H}' = \begin{bmatrix} h_{11} & h_{21} & \cdots & h_{n1} \\ h_{12} & h_{22} & \cdots & h_{n2} \\ \vdots & \vdots & \cdots & \vdots \\ h_{1n} & h_{2n} & \cdots & h_{nn} \end{bmatrix},\boldsymbol{x} = \begin{pmatrix} x_1 \\ x_2 \\ \vdots \\ x_n \end{pmatrix},\boldsymbol{V} = \begin{pmatrix} v_1 \\ v_2 \\ \vdots \\ v_n \end{pmatrix}$$

根据矩阵$\boldsymbol{I}-\boldsymbol{H}$可逆，矩阵方程的解为：

$$\boldsymbol{x} = (\boldsymbol{I}-\boldsymbol{H}')^{-1}\cdot\boldsymbol{V}$$

或

$$\boldsymbol{x}' = \boldsymbol{V}'\cdot(\boldsymbol{I}-\boldsymbol{H})^{-1}$$

该模型称为Ghosh模型，是利用直接分配系数反映了最初投入与总产出之间的关系。其中$(\boldsymbol{I}-\boldsymbol{H})^{-1}$称为Ghosh逆矩阵，记为：

$$\tilde{G} = (\boldsymbol{I}-\boldsymbol{H})^{-1}$$

在实例中，

$$\boldsymbol{H} = \begin{bmatrix} 0.2 & 0.2 & 0 \\ 0.1 & 0.4 & 0.15 \\ 0 & 0.2 & 0.1 \end{bmatrix},(\boldsymbol{I}-\boldsymbol{H}')^{-1} = \begin{bmatrix} 1.31 & 0.23 & 0.05 \\ 0.46 & 1.85 & 0.41 \\ 0.08 & 0.31 & 1.18 \end{bmatrix},$$

$$\boldsymbol{x} = (\boldsymbol{I}-\boldsymbol{H}')^{-1}\cdot\boldsymbol{V} = \begin{bmatrix} 1.31 & 0.23 & 0.05 \\ 0.46 & 1.85 & 0.41 \\ 0.08 & 0.31 & 1.18 \end{bmatrix}\begin{pmatrix} 600 \\ 800 \\ 600 \end{pmatrix} = \begin{pmatrix} 1000 \\ 2000 \\ 1000 \end{pmatrix}$$

5. 间接消耗系数

【例2】考察粮食对电力的消耗。

首先，粮食在生产过程中，直接消耗电力外，还消耗种子、化肥、拖拉机等；这时消耗的电力是直接消耗。

其次，粮食直接消耗的种子、化肥、拖拉机等，这些产品的生产过程本身也要消耗电力，这时种子等消耗的电力对于粮食来说，就是粮食对电力的第一次间接消耗。

再次，生产种子过程不仅消耗电力，还消耗化肥；而化肥的生产又需要消耗电力，这时化肥消耗的电力对于粮食来说，就是粮食对电力的第二次间接消耗。依次类推。

如何计算间接消耗系数呢？

第一次间接消耗：指一个部门经过一个中间消耗环节对另一个部门所产生的消耗。

现考察部门j对部门i的第一次间接消耗系数：

设部门j对部门1的直接消耗系数为a_{1j}，部门1对部门i的直接消耗系数为a_{i1}，则部门j通过部门1对部门i的间接消耗为：$a_{1j}a_{i1}$；

设部门 j 对部门 2 的直接消耗系数为 a_{2j}，部门 2 对部门 i 的直接消耗系数为 a_{i2}，则部门 j 通过部门 2 对部门 i 的间接消耗为：$a_{2j}a_{i2}$；

…

设部门 j 对部门 n 的直接消耗系数为 a_{nj}，部门 n 对部门 i 的直接消耗系数为 a_{in}，则部门 j 通过部门 n 对部门 i 的间接消耗为：$a_{nj}a_{in}$。

则部门 j 对部门 i 的第一次间接消耗系数为：

$$b_{ij}^{1} = \sum_{k=1}^{n} a_{ik}a_{kj}, i,j = 1,2,\cdots,n$$

其矩阵形式为：

$$B^{1} = A \cdot A = A^{2} = \begin{bmatrix} \sum_{k=1}^{n} a_{1k}a_{k1} & \sum_{k=1}^{n} a_{1k}a_{k2} & \cdots & \sum_{k=1}^{n} a_{1k}a_{kn} \\ \sum_{k=1}^{n} a_{2k}a_{k1} & \sum_{k=1}^{n} a_{2k}a_{k2} & \cdots & \sum_{k=1}^{n} a_{2k}a_{kn} \\ \vdots & \vdots & \cdots & \vdots \\ \sum_{k=1}^{n} a_{nk}a_{k1} & \sum_{k=1}^{n} a_{nk}a_{k2} & \cdots & \sum_{k=1}^{n} a_{nk}a_{kn} \end{bmatrix}$$

其中 B^{1} 称为第一次间接消耗系数矩阵。

第二次间接消耗：指一个部门经过两次中间消耗环节对另一个部门所产生的消耗。

部门 j 对部门 i 的第二次间接消耗系数：

$$b_{ij}^{2} = \sum_{k=1}^{n} b_{ik}^{1}a_{kj} = \sum_{k=1}^{n}\sum_{s=1}^{n} a_{is}a_{sk}a_{kj}, i,j = 1,2,\cdots,n$$

其矩阵形式为：

$$B^{2} = B^{1} \cdot A = A^{2} \cdot A = A^{3}$$

其中 B^{2} 称为第二次间接消耗系数矩阵。

类似地，第 $n-1$ 次间接消耗系数矩阵为：$B^{n-1} = A^{n}, n = 2,3,\cdots$。则

全部间接消耗系数矩阵为：

$$A^{2} + A^{3} + \cdots$$

在实例中，根据直接消耗系数矩阵

$$A = \begin{bmatrix} 0.2 & 0.1 & 0 \\ 0.2 & 0.4 & 0.3 \\ 0 & 0.1 & 0.1 \end{bmatrix}$$

得第一次间接消耗系数矩阵 B^{1} 为：

$$B^{1} = A \cdot A = A^{2} = \begin{bmatrix} 0.06 & 0.06 & 0.03 \\ 0.12 & 0.21 & 0.15 \\ 0.02 & 0.05 & 0.04 \end{bmatrix}$$

得第二次间接消耗系数矩阵 B^{2} 为：

$$B^2 = B^1 \cdot A = A^3 = \begin{bmatrix} 0.024 & 0.033 & 0.021 \\ 0.066 & 0.111 & 0.078 \\ 0.014 & 0.026 & 0.019 \end{bmatrix}$$

6. 完全消耗系数

完全消耗系数:指直接消耗系数与间接消耗系数之和。

则完全消耗系数矩阵B为:

$$B = A + (A^2 + A^3 + \cdots) = (I - A)^{-1} - I$$

其中矩阵$(I - A)^{-1}$称为列昂惕夫逆矩阵$\tilde{B}$。

由此可得完全消耗系数矩阵B与列昂惕夫逆矩阵$\tilde{B}$的关系为:

$$B = (I - A)^{-1} - I = \tilde{B} - I$$

在实例中,完全消耗系数矩阵B为:

$$B = \begin{bmatrix} 0.31 & 0.23 & 0.08 \\ 0.46 & 0.85 & 0.62 \\ 0.05 & 0.21 & 0.18 \end{bmatrix}$$

7. 完全需要系数

在3中定义矩阵$(I - A)^{-1}$称为列昂惕夫逆矩阵,记为:

$$\tilde{B} = (I - A)^{-1} = I + A + A^2 + A^3 + \cdots$$

上式包含了直接需求量A,间接需求量$A^2 + A^3 + \cdots$和最终需求量I。因此,又称列昂惕夫逆矩阵$\tilde{B}$为完全需要系数矩阵。它反映为了获得单位最终产品对各部门总产出的完全需求量,包括:直接需求量A,间接需求量$A^2 + A^3 + \cdots$和最终需求量I。

在实例中,完全需要系数矩阵$\tilde{B}$为:

$$\tilde{B} = \begin{bmatrix} 1.31 & 0.23 & 0.08 \\ 0.46 & 1.85 & 0.62 \\ 0.05 & 0.21 & 1.18 \end{bmatrix}$$

8. 完全分配系数

根据6得,完全消耗系数矩阵B与列昂惕夫逆矩阵$\tilde{B}$的关系为:

$$B = (I - A)^{-1} - I = \tilde{B} - I$$

根据直接分配系数得,Ghosh 模型

$$x' = V' \cdot (I - H)^{-1} = V' \cdot \tilde{G}$$

其中$\tilde{G} = (I - H)^{-1}$是 Ghosh 逆矩阵。

类似地,完全分配系数矩阵定义为:

$$G = \tilde{G} - I = (I - H)^{-1} - I$$

在实例中,根据直接分配系数矩阵

$$H = \begin{bmatrix} 0.2 & 0.2 & 0 \\ 0.1 & 0.4 & 0.15 \\ 0 & 0.2 & 0.1 \end{bmatrix}$$

可得完全分配系数矩阵

$$G = \tilde{G} - I = (I - H)^{-1} - I = \begin{bmatrix} 0.31 & 0.46 & 0.08 \\ 0.23 & 0.85 & 0.31 \\ 0.05 & 0.41 & 0.18 \end{bmatrix}$$

第四节　金融投资决策模型简介

一、线性代数在金融投资中的应用

商品空间：假定市场共有 n 种商品，每一种商品都对应一个实数 x_i 来度量（如商品的数量，其中正负号可以解释为买入卖出或投入产出等）。这 n 种商品可能的各种数量组合的全体组成一个空间，称为商品空间。记为：

$$\{(x_1, x_2, \cdots, x_n) \mid (x_1, x_2, \cdots, x_n) \in R\}$$

显然，商品空间是 n 维线性空间，其维数是商品的种类数。其中的每一个 n 维向量 $(x_1, x_2, \cdots, x_n)$ 称为商品向量（或称商品丛）。

商品空间的概念是1972年诺贝尔经济学奖获得者、美国经济学家肯尼斯·阿罗和德布鲁在1950年建立一般经济均衡数学理论的出发点。当他们在考虑不确定性时，把不确定性用不同时刻可能有若干种不同状态来刻画。若把不同时刻、不同状态下的商品看作不同的商品，当所考虑的时刻个数和状态个数都是有限情况，这时所组成的商品空间是有限维线性空间，其维数是商品种类数与各时刻状态个数的乘积。其中最简单的情形是：只有一种商品（钱）、两个时刻（当前和未来）、$n = S + 1$ 种状态（“当前”是确定的，只有一种状态；“未来”是不确定的，存在 S 种状态）。于是，一个 $n = S + 1$ 维向量就可以看做一种金融资产（股票或证券）在不同状态下（当前和未来）的价值。这是金融学中的基本情形。

金融学的基本问题之一是资产的定价问题：未来价值不确定的金融资产的当前价值是多少？

未定权益空间：未定权益是指作为一般证券、衍生债券、金融资产以及公司价值等不确定的未来价值总称。若利用 S 维向量来刻画一种金融资产的未来价值，则各种金融资产的定价问题就归结为确定 S 维空间中的向量与实数之间的对应关系。这个 S 维线性空间称为未定权益空间。

由此可以看出，线性代数在金融投资分析中有着极大的作用。关于线性代数在金融学中的应用和定价模型理论应用，可以参见史树中《金融学中的数学》和拙著《现代金融统计分析》。

二、静态均衡分析的局限性

在静态均衡分析中，主要关心的求模型中何处达到内生变量的均衡值。但忽略了一个基本问题：导致均衡状态的各变量调整的实际过程如何？即何时达到均衡状态和期间的过程中将出现何种问题。这就需要发展其他的分析方法来解决静态均衡分析未能顾及的两个重要问题：

第一个问题,均衡状态移动问题:指一个调整过程需要一段时间,若模型中的外生变量在期间发生了变化,在特定静态分析框架中确定的均衡状态,将在其最终达到前,失去现实意义。解决这一问题的方法称为比较静态分析。

第二个问题,均衡可实现性和稳定性问题:指即使调整过程不受干扰,调整过程也可能不是驱使变量趋近均衡状态,而是使变量逐渐偏离均衡状态;即出现"非静态均衡"情况。解决这一问题的方法称为动态分析。

第四章　微分学与比较静态均衡分析

比较静态均衡分析是指两种与不同参数值和内生变量相联系的不同均衡状态的比较。以初始均衡状态为出发点，随参数或外生变量的变化，初始均衡被打破，内生变量经过调整，在参数或外生变量新的取值下，内生变量达到新的均衡。比较静态均衡分析的基本问题：对初始均衡和新的均衡进行比较分析；其核心问题：求变化率问题，即求内生变量均衡值对特定参数或外生变量变化的比率。若考察的参数变化较小，可以利用数学上的导数概念，称这个导数为比较静态导数。当然，比较静态均衡分析仍然忽略了变量的调整过程。

第一节　非目标均衡比较静态分析

一、具有显式均衡解比较静态分析

1. 局部市场均衡模型比较静态分析

【例 1】根据第三章【例 1】，得到模型中的均衡解（均衡价格 P^* 和均衡数量 q^*）为：

$$P^* = \frac{a_0 + b_0}{a_1 + b_1}, q^* = \frac{a_0 b_1 - a_1 b_0}{a_1 + b_1}$$

其中参数为 $a_0, a_1, b_0, b_1 > 0$，且满足 $a_0 b_1 - a_1 b_0 > 0$。试分析随着参数的变化如何影响均衡解？

解：首先，根据均衡价格 P^* 的表达式，求出 P^* 关于四个参数（a_0, a_1, b_0, b_1）的比较静态导数：

$$\frac{\partial P^*}{\partial a_0} = \frac{1}{a_1 + b_1}, \frac{\partial P^*}{\partial b_0} = \frac{1}{a_1 + b_1}, \frac{\partial P^*}{\partial a_1} = -\frac{a_0 + b_0}{(a_1 + b_1)^2}, \frac{\partial P^*}{\partial b_1} = -\frac{a_0 + b_0}{(a_1 + b_1)^2}$$

其次，根据参数 $a_0, a_1, b_0, b_1 > 0$，确定比较静态导数的符号，进行定性比较静态分析：

$$\frac{\partial P^*}{\partial a_0} > 0, \frac{\partial P^*}{\partial b_0} > 0, \frac{\partial P^*}{\partial a_1} < 0, \frac{\partial P^*}{\partial b_1} < 0$$

如：根据 $\frac{\partial P^*}{\partial a_0} > 0$ 可知：随着参数 a_0 的增加，均衡价格 P^* 也增加；$\frac{\partial P^*}{\partial a_1} < 0$ 可知：随着参数 a_1 的增加，均衡价格 P^* 呈递减趋势。

最后，根据比较静态导数的值，可以进行定量比较静态分析：

如:若参数 a_0 增加 Δa_0, 根据有限增量公式, 均衡价格 P^* 将增加 $\frac{\partial P^*}{\partial a_0}\cdot\Delta a_0 = \frac{\Delta a_0}{a_1+b_1}$。

类似,可分析随四个参数(a_0, a_1, b_0, b_1) 的变化,如何影响均衡数量 q^* 的变化。

2. 国民收入模型比较静态分析

【例2】根据第三章【例3】,得到模型中的均衡解(均衡国民收入 Y^*)

$$Y^* = \frac{\alpha-\beta\gamma+I_0+G_0}{1-\beta+\beta\delta}$$

其中参数为 $\alpha>0, 0<\beta<1, \gamma>0, 0<\delta<1$;外生变量 I_0、$G_0>0$。试分析随着各参数和外生变量的变化如何影响均衡解?

解:首先,根据均衡国民收入 Y^* 的表达式,求出 Y^* 关于四个参数(α、β、γ、δ) 和外生变量(I_0、G_0) 的六个比较静态导数。下面三个具有特殊政策意义:

$$\frac{\partial Y^*}{\partial G_0} = \frac{1}{1-\beta+\beta\delta}, \frac{\partial Y^*}{\partial \gamma} = -\frac{\beta}{1-\beta+\beta\delta}$$

$$\frac{\partial Y^*}{\partial \delta} = \frac{-\beta(\alpha-\beta\gamma+I_0+G_0)}{(1-\beta+\beta\delta)^2} = -\frac{\beta}{(1-\beta+\beta\delta)}Y^*$$

$\frac{\partial Y^*}{\partial G_0}$:称政府支出乘数;

$\frac{\partial Y^*}{\partial \gamma}$:称非所得税乘数,表示政府源于非所得税的收入($\gamma$) 的单位变化对均衡收入的影响;

$\frac{\partial Y^*}{\partial \delta}$:称所得税率乘数。

其次,根据参数 $\alpha>0, 0<\beta<1, \gamma>0, 0<\delta<1$ 和外生变量 I_0、$G_0>0$,确定比较静态导数的符号,进行定性比较静态分析:

$$\frac{\partial Y^*}{\partial G_0}>0, \frac{\partial Y^*}{\partial \gamma}<0, \frac{\partial Y^*}{\partial \delta}<0$$

根据$\frac{\partial Y^*}{\partial G_0}>0$ 可知:随着政府支出 G_0 的增加,均衡国民收入 Y^* 也增加;$\frac{\partial Y^*}{\partial \gamma}<0$ 可知:随着政府源于非所得税的收入 γ 的增加,均衡国民收入 Y^* 呈递减趋势;$\frac{\partial Y^*}{\partial \delta}<0$ 可知:随着所得税率 δ 的增加,均衡国民收入 Y^* 呈递减趋势;

最后,根据比较静态导数的值,可以进行定量比较静态分析:

如:若政府支出 G_0 增加 ΔG_0, 根据有限增量公式, 均衡国民收入 Y^* 将增加 $\frac{\partial P^*}{\partial G_0}\cdot\Delta G_0 = \frac{\Delta G_0}{1-\beta+\beta\delta}$。

类似,可分析其他参数和外生变量的变化,如何影响均衡解的变化。

3. 投入—产出模型比较静态分析

列昂惕夫模型

$$\boldsymbol{x} = (\boldsymbol{I} - \boldsymbol{A})^{-1} \cdot \boldsymbol{F} = \tilde{\boldsymbol{B}} \cdot \boldsymbol{F}$$

其中：

$$\boldsymbol{x} = \begin{pmatrix} x_1 \\ x_2 \\ \vdots \\ x_n \end{pmatrix}, \quad \boldsymbol{F} = \begin{pmatrix} f_1 \\ f_2 \\ \vdots \\ f_n \end{pmatrix}, \boldsymbol{A} = \begin{bmatrix} a_{11} & a_{12} & \cdots & a_{1n} \\ a_{21} & a_{22} & \cdots & a_{2n} \\ \vdots & \vdots & \cdots & \vdots \\ a_{n1} & a_{n2} & \cdots & a_{nn} \end{bmatrix}$$

$\tilde{\boldsymbol{B}}$ 为列昂惕夫逆矩阵，设

$$\tilde{\boldsymbol{B}} = (\boldsymbol{I} - \boldsymbol{A})^{-1} = \begin{bmatrix} b_{11} & b_{12} & \cdots & b_{1n} \\ b_{21} & b_{22} & \cdots & b_{2n} \\ \vdots & \vdots & \cdots & \vdots \\ b_{n1} & b_{n2} & \cdots & b_{nn} \end{bmatrix}$$

【例 3】试求：三个部门的投入产出表中，对外生变量$\boldsymbol{F} = (f_1 \quad f_2 \quad f_3)'$的变化率。

解：由$\boldsymbol{x} = (\boldsymbol{I} - \boldsymbol{A})^{-1} \cdot \boldsymbol{F} = \tilde{\boldsymbol{B}} \cdot \boldsymbol{F}$，即

$$\begin{pmatrix} x_1 \\ x_2 \\ x_3 \end{pmatrix} = \begin{bmatrix} b_{11} & b_{12} & b_{13} \\ b_{21} & b_{22} & b_{23} \\ b_{31} & b_{32} & b_{33} \end{bmatrix} \begin{pmatrix} f_1 \\ f_2 \\ f_3 \end{pmatrix} = \begin{bmatrix} b_{11}f_1 + b_{12}f_2 + b_{13}f_3 \\ b_{21}f_1 + b_{22}f_2 + b_{23}f_3 \\ b_{31}f_1 + b_{32}f_2 + b_{33}f_3 \end{bmatrix}$$

九个比较静态导数为：

$$\frac{\partial x_1}{\partial f_1} = b_{11}, \frac{\partial x_1}{\partial f_2} = b_{12}, \frac{\partial x_1}{\partial f_3} = b_{13},$$

$$\frac{\partial x_2}{\partial f_1} = b_{21}, \frac{\partial x_2}{\partial f_2} = b_{22}, \frac{\partial x_2}{\partial f_3} = b_{23},$$

$$\frac{\partial x_3}{\partial f_1} = b_{31}, \frac{\partial x_3}{\partial f_2} = b_{32}, \frac{\partial x_3}{\partial f_3} = b_{33}$$

二、具有一般（隐式）均衡解比较静态分析

1. 局部市场均衡模型比较静态分析

【例 4】在孤立市场价格决定模型中，引入外生变量：收入（Y）。假设商品需求函数 q_d 是价格 P 和收入 Y 的函数 $D = (P, Y)$，且是价格 P 的递减函数（$\frac{\partial D}{\partial P} < 0$）和是收入 Y 的递增函数（$\frac{\partial D}{\partial Y} > 0$）；商品供给函数 q_s 是价格 P 的单调递增函数 $S(P)$（$\frac{\mathrm{d}S}{\mathrm{d}P} > 0$）；函数 $D = (P, Y)$ 和 $S(P)$ 有连续（偏）导数。在数学上模型表示为：

$$\begin{cases} q_d = q_s \\ q_d = D(P, Y) \\ q_s = S(P) \end{cases}$$

其中假设均衡解(P^*,q^*)与Y^*满足$q^*=D(P^*,Y^*)=S(P^*)$。

试分析随着外生变量收入Y的变化，如何影响均衡解(P^*,q^*)的变化。

解：

【法一】（一个方程隐函数定理）：令

$$G(P,Y)=D(P,Y)-S(P)$$

原方程组等价于隐函数$G(P,Y)=0$。可以利用一个方程的隐函数可微性定理，得到关于$P=f(Y)$的导数。

因为：

(1)$G(P,Y)$具有连续偏导数【因函数$D=(P,Y)$和$S(P)$有连续(偏)导数】

(2)$G(P^*,Y^*)=0$【因$G(P^*,Y^*)=D(P^*,Y^*)-S(P^*)=0$】

(3)$\left.\frac{\partial G}{\partial P}\right|_{(P^*,Y^*)}=\frac{\partial D}{\partial P}(P^*,Y^*)-\frac{\mathrm{d}S}{\mathrm{d}P}(P^*)<0$【由$\frac{\partial D}{\partial P}(P^*,Y^*)<0,\frac{\mathrm{d}S}{\mathrm{d}P}(P^*)>0$】

所以隐函数$G(P,Y)=0$满足一个方程的隐函数存在定理条件，故存在一个定义在Y^*的邻域$N_\delta(Y^*)$上的一个可导隐函数$P=f(Y)$，且满足：

(1)$G(f(Y),Y)\equiv 0$；

(2)$P^*=f(Y^*)$；

(3)$$\left.\frac{\mathrm{d}P}{\mathrm{d}Y}\right|_{Y=Y^*}=-\frac{\frac{\partial G}{\partial Y}(P^*,Y^*)}{\frac{\partial G}{\partial P}(P^*,Y^*)}=-\frac{\frac{\partial D}{\partial Y}(P^*,Y^*)}{\frac{\partial D}{\partial P}(P^*,Y^*)-\frac{\mathrm{d}S}{\mathrm{d}P}(P^*)}>0$$

由上知得在P^*处有$\frac{\mathrm{d}P}{\mathrm{d}Y}>0$，从而得均衡价格$P$的定性比较静态分析：

随着收入水平Y的增加，均衡价格P也增加。

若已知$\frac{\partial D}{\partial P}$、$\frac{\partial D}{\partial Y}$、$\frac{\mathrm{d}S}{\mathrm{d}P}$的值，可对均衡价格$P$的定量比较静态分析。

现考虑均衡数量q^*随收入水平Y的变化情况。

由$q=S(P)$和$P=f(Y)$得，$q=S[f(Y)]$是收入Y的复合函数，则

$$\left.\frac{\mathrm{d}q}{\mathrm{d}Y}\right|_{Y=Y^*}=\frac{\mathrm{d}S}{\mathrm{d}P}(P^*)\cdot\left.\frac{\mathrm{d}P}{\mathrm{d}Y}\right|_{Y=Y^*}>0$$

由此得，随着收入水平Y的增加，均衡数量q^*也增加。

法一是通过一个方程所确定的隐函数得到，但一个方程仅含了一个内生变量。能否同时考虑这两个内生变量(P,q)的分析方法呢？

【法二】（方程组隐函数定理）：

将已知

$$\begin{cases}q_d=q_s\\q_d=D(P,Y)\\q_s=S(P)\end{cases}$$

变形为

$$\begin{cases}F_1(p,q;Y) = D(P,Y) - q = 0\\F_2(p,q;Y) = S(P) - q = 0\end{cases}$$

满足

(1) F_1, F_2 具有连续偏导数。

因为 $D(P,Y), S(P)$ 具有连续偏导数。

(2) $\begin{cases}F_1(p^*,q^*;Y^*) = 0\\F_2(p^*,q^*;Y^*) = 0\end{cases}$

因为 $D(P^*,Y^*) = S(P^*) = q^*$。

(3) 在点 $(p^*,q^*;Y^*)$ 处,

$$|J| = \left|\frac{\partial(F_1,F_2)}{\partial(p,q)}\right| > 0$$

因为 $|J| = \left|\frac{\partial(F_1,F_2)}{\partial(p,q)}\right| = \begin{vmatrix}\frac{\partial F_1}{\partial p} & \frac{\partial F_1}{\partial q}\\\frac{\partial F_2}{\partial p} & \frac{\partial F_2}{\partial q}\end{vmatrix} = \begin{vmatrix}\frac{\partial D}{\partial p} & -1\\\frac{\mathrm{d}S}{\mathrm{d}p} & -1\end{vmatrix} = \frac{\mathrm{d}S}{\mathrm{d}p} - \frac{\partial D}{\partial p} > 0$。

满足方程组的隐函数定理条件。从而在 Y^* 的某个领域内可确定两个函数

$$\begin{cases}p = f_1(Y)\\q = f_2(Y)\end{cases}$$

满足

(1) $\begin{cases}F_1[f_1(Y), f_2(Y), Y] \equiv 0\\F_2[f_1(Y), f_2(Y), Y] \equiv 0\end{cases}$

(2) $\begin{cases}p^* = f_1(Y^*)\\q^* = f_2(Y^*)\end{cases}$

(3) $$\left.\frac{\mathrm{d}p}{\mathrm{d}Y}\right|_{Y=Y^*} = -\frac{\left|\frac{\partial(F_1,F_2)}{\partial(Y,q)}\right|}{\left|\frac{\partial(F_1,F_2)}{\partial(p,q)}\right|} = -\frac{1}{|J|}\begin{vmatrix}\frac{\partial F_1}{\partial Y} & \frac{\partial F_1}{\partial q}\\\frac{\partial F_2}{\partial Y} & \frac{\partial F_2}{\partial q}\end{vmatrix} = -\frac{1}{|J|}\begin{vmatrix}\frac{\partial D}{\partial Y} & -1\\0 & -1\end{vmatrix}$$

$$= \frac{1}{|J|}\frac{\partial D}{\partial Y}(P^*,Y^*) > 0$$

$$\left.\frac{\mathrm{d}q}{\mathrm{d}Y}\right|_{Y=Y^*} = \frac{1}{|J|}\left.\frac{\mathrm{d}S}{\mathrm{d}p}\right|_{Y=Y^*}\frac{\partial D}{\partial Y}(P^*,Y^*) = \frac{\mathrm{d}S}{\mathrm{d}p}(P^*)\left.\frac{\mathrm{d}p}{\mathrm{d}Y}\right|_{Y=Y^*} > 0$$

2. 国民收入均衡模型比较静态分析

【例5】(国民收入均衡模型)

一般函数表示的国民收入均衡模型中包含商品市场和货币市场,以及两个均衡条件如下:

(1) 商品市场特征

① 投资 I 是利率 i 的减函数,即:$I = I(i)$,满足 $I'(i) < 0$;

② 储蓄 S 分别是国民收入 Y 和利率 i 的增函数;边际储蓄倾向为正分数。即:

$$\begin{cases} S = S(Y,i) \\ \dfrac{\partial S}{\partial Y} > 0 \\ \dfrac{\partial S}{\partial i} > 0 \\ 0 < \dfrac{\partial S}{\partial Y} < 1 \end{cases}$$

③ 进口支出 M 是国民收入 Y 的函数;边际进口倾向是正分数。即:

$$\begin{cases} M = M(Y) \\ 0 < M'(Y) < 1 \end{cases}$$

④ 出口水平 X 是外生变量,由外国决定。令 $X = X_0$。

(2) 货币市场特征

① 货币需求量 M_d 是国民收入 Y 的增函数(交易需求);是利率 i 的减函数(投资需求)。即:

$$\begin{cases} M_d = L(Y,i) \\ \dfrac{\partial L}{\partial Y} > 0 \\ \dfrac{\partial L}{\partial i} < 0 \end{cases}$$

其中 $L(Y,i)$ 是流动性函数。

② 货币供给量 M_s 是外生变量,由货币当局的货币政策决定。令 $M_s = M_{s0}$。

假定所有函数具有连续(偏)导数。

(3) 模型均衡条件

商品市场均衡条件:投资 I 与出口水平 X 之和等于储蓄 S 与进口支出 M 之和;

货币市场均衡条件:货币需求量 M_d 等于货币供给量 M_s。根据上面假设,均衡条件可表示为

$$\begin{cases} I(i) + X_0 = S(Y,i) + M(Y) \\ L(Y,i) = M_{s0} \end{cases}$$

其中内生变量是,外生变量是 X_0, M_{s0}。

(4) 假定$(Y^*, i^*, X_0^*, M_{s0}^*)$满足均衡条件。

其中(Y^*, i^*)是初始均衡;(X_0^*, M_{s0}^*)是外生变量 X_0, M_{s0} 的初始值。

满足以上(1) ~ (4) 条件的一般函数国民收入均衡模型。试分析:

(1) 当出口水平 X_0 变化时,均衡国民收入和均衡利率的变化;

(2) 当货币供给 M_{s0} 变化时,均衡国民收入和均衡利率的变化。

解:将两个均衡条件表示为方程组

$$\begin{cases} F_1(Y,i,X_0,M_{s0}) \equiv I(i) + X_0 - S(Y,i) - M(Y) = 0 \\ F_2(Y,i,X_0,M_{s0}) \equiv L(Y,i) - M_{s0} = 0 \end{cases}$$

满足:

(1) F_1, F_2 具有连续偏导数。

(2) $\begin{cases} F_1(Y^*, i^*, X_0^*, M_{s0}^*) = 0 \\ F_2(Y^*, i^*, X_0^*, M_{s0}^*) = 0 \end{cases}$

(3) 在点 $(Y^*, i^*, X_0^*, M_{s0}^*)$ 处，内生变量 Y, i 的雅可比行列式不为 0。即

$$|J| = \left|\frac{\partial(F_1, F_2)}{\partial(Y, i)}\right| > 0$$

因为

$$|J| = \left|\frac{\partial(F_1, F_2)}{\partial(Y, i)}\right| = \begin{vmatrix} -\frac{\partial S}{\partial Y} - M'(Y) & I'(i) - \frac{\partial S}{\partial i} \\ \frac{\partial L}{\partial Y} & \frac{\partial L}{\partial i} \end{vmatrix}$$

$$= -\frac{\partial L}{\partial i}\left[\frac{\partial S}{\partial Y} + M'(Y)\right] - \frac{\partial L}{\partial Y}\left[I'(i) - \frac{\partial S}{\partial i}\right] > 0$$

满足方程组的隐函数定理条件。从而在 (X_0^*, M_{s0}^*) 的某个领域内可确定两个函数

$$\begin{cases} Y = f_1(X_0, M_{s0}) \\ i = f_2(X_0, M_{s0}) \end{cases}$$

满足

(1) $\begin{cases} Y^* = f_1(X_0^*, M_{s0}^*) \\ i^* = f_2(X_0^*, M_{s0}^*) \end{cases}$

(2) $\begin{cases} F_1[f_1(X_0, M_{s0}), f_2(X_0, M_{s0}), X_0, M_{s0}] \equiv 0 \\ F_2[f_1(X_0, M_{s0}), f_2(X_0, M_{s0}), X_0, M_{s0}] \equiv 0 \end{cases}$

(3) 在点 $(Y^*, i^*, X_0^*, M_{s0}^*)$ 处，有

$$\frac{\partial Y^*}{\partial X_0} = -\frac{1}{|J|}\frac{\partial(F_1, F_2)}{\partial(X_0, i)} = -\frac{1}{|J|}\begin{vmatrix} 1 & I'(i^*) - \frac{\partial S}{\partial i}(Y^*, i^*) \\ 0 & \frac{\partial L}{\partial i}(Y^*, i^*) \end{vmatrix} = -\frac{1}{|J|}\frac{\partial L}{\partial i}(Y^*, i^*) > 0$$

$$\frac{\partial i^*}{\partial X_0} = -\frac{1}{|J|}\frac{\partial(F_1, F_2)}{\partial(Y, X_0)} = -\frac{1}{|J|}\begin{vmatrix} -\frac{\partial S}{\partial Y}(Y^*, i^*) - M'(Y^*) & 1 \\ \frac{\partial L}{\partial Y}(Y^*, i^*) & 0 \end{vmatrix} = \frac{1}{|J|}\frac{\partial L}{\partial Y}(Y^*, i^*) > 0$$

因此，当出口水平 X_0 增加时，均衡国民收入 Y^* 和均衡利率 i^* 都增加。

类似地，可以求出在点 $(Y^*, i^*, X_0^*, M_{s0}^*)$ 处的 $\frac{\partial Y^*}{\partial M_{s0}}, \frac{\partial i^*}{\partial M_{s0}}$，从而可分析货币供给 M_{s0} 对均衡国民收入和均衡利率的影响。

第二节　无约束优化理论

经济学本质上是一门关于选择的科学。为了实现某一个经济目标（如最大产出），通常会面临许多种选择，根据某种选择标准，选择最适宜的方式。这就是经济学最优化问题的实质。常见的选择标准是最大化目标（如：厂商利润最大化、消费者效用最大化、经济增长率最大化等）或最小化目标（如：给定产出下成本最小化等），因此，最大化问题和最小化问题统称最优化问题。对应于数学的相关概念，极大值和极小值问题或最大值和最小值问题与之相对应。本节和下一节主要讨论目标均衡比较静态分析，即古典静态最优化理论。

经济学最优化问题模型：

第一，确定目标函数：$y = f(x)$。其中

因变量 y：表示最大化或最小化的对象。

自变量 x：称为选择变量，是一个向量，表示一组对象，其大小是对最优小化进行的选择。

第二，利用数学方法，解出使目标函数达到极值的选择变量的值的集合。

一、一元变量目标函数无约束最优化

1. 二次目标函数无约束最优化

【例 1】设平均成本函数为

$$AC = f(Q) = Q^2 - 5Q + 8$$

试求：产出 Q 达到多大时，平均成本 $AC = f(Q)$ 最小。

解：对平均成本函数求导，得：

$$f'(Q) = 2Q - 5$$

由 $f'(Q) = 0 \Rightarrow Q = 2.5$。根据函数一阶导数的极值判定性质，又 $f'(2.4) = -0.2 < 0$ 且 $f'(2.6) = 0.2 > 0$，故稳定值（驻点）$AC = f(2.5) = 1.75$ 表示相对极小值。即：

产出 $Q = 2.5$ 时，平均成本 $AC = f(2.5) = 1.75$ 达到最小值。

2. 三次目标函数无约束最优化

【例 2】已知总收益函数为

$$R = R(Q) = 1200 - 2Q^2$$

总成本函数为

$$C = C(Q) = Q^3 - 61.25Q^2 + 1528.5Q + 2000$$

利润函数（目标函数）为 $\pi = \pi(Q) = R(Q) - C(Q)$。

试求：利润最大化产出 Q^* 和最大利润 π^*。

解：利润函数（目标函数）为

$$\pi = \pi(Q) = R(Q) - C(Q) = -Q^3 + 59.25Q^2 - 328.5Q - 2000$$

一阶导数$\frac{d\pi}{dQ} = -3Q^2 + 118.5Q - 328.5 = 0$,得 $Q = 3$ 或 $Q = 36.5$。

二阶导数$\frac{d^2\pi}{dQ^2} = -6Q + 118.5\begin{cases} > 0;当 Q = 3 时 \\ < 0;当 Q = 36.5 时 \end{cases}$,

利用函数二阶导数的极值判定性质,知

利润最大化产出 $Q^* = 36.5$,最大利润 $\pi^* = \pi(36.5) = 16\ 318.44$。

3. 指数目标函数无约束最优化

【例3】设某人拥有一箱葡萄酒,他当前销售可得K元,若窖藏一段时间可以更高价格销售。已知酒的增长值 V 是时间 t 的函数如下:

$$V = Ke^{\sqrt{t}}$$

假设窖藏成本为0。

试求:何时销售可获得最大利润?

分析:酒的成本已经是支付了的"沉没成本", 窖藏成本为0。因此,最大化利润即最大化销售收益。但这里涉及不同时点的利息问题。为此,可以将不同时点的销售收益增长值 V 贴现到时间 $t = 0$ 的现值。假定连续利息为 r。则 V 的现值 $A(t)$ 为:

$$A(t) = Ve^{-rt} = Ke^{\sqrt{t}}e^{-rt} = Ke^{\sqrt{t}-rt}$$

于是,问题变为:求使 V 的现值 $A(t)$ 最大化时的 t 值。

解:考察$\frac{dA(t)}{dt} = 0$。求 $A(t)$ 的一阶导数$\frac{dA(t)}{dt}$,两边取自然对数得

$$\ln A(t) = \ln K + \sqrt{t} - rt \Rightarrow \frac{1}{A}\frac{dA}{dt} = \frac{1}{2}t^{-\frac{1}{2}} - r \Rightarrow \frac{dA}{dt} = A\left(\frac{1}{2}t^{-\frac{1}{2}} - r\right)$$

令$\frac{dA(t)}{dt} = 0$,即 $r = \frac{1}{2}t^{-\frac{1}{2}}$,有

$$t^* = \frac{1}{4r^2}$$

考察二阶条件。$A(t)$ 的二阶导数为

$$\frac{d^2A(t)}{dt^2} = \frac{d}{dt}A\left(\frac{1}{2}t^{-\frac{1}{2}} - r\right) = A\frac{d}{dt}\left(\frac{1}{2}t^{-\frac{1}{2}} - r\right) + \left(\frac{1}{2}t^{-\frac{1}{2}} - r\right)\frac{dA}{dt}$$

当$\frac{dA(t)}{dt} = 0$ 时,

$$\frac{d^2A(t)}{dt^2} = A\frac{d}{dt}\left(\frac{1}{2}t^{-\frac{1}{2}} - r\right) = \frac{-A}{4\sqrt{t^3}}$$

又 $A(t) > 0, t^* > 0$ 时,$A(t)$ 的二阶导数

$$\frac{d^2A(t)}{dt^2} = \frac{-A}{4\sqrt{t^3}} < 0$$

故当 $t^* = \frac{1}{4r^2}$ 时,V 的现值 $A(t)$ 达到最大值。

二、多元变量目标函数无约束最优化

【例4】(完全竞争市场两种投入一种产品厂商问题) 假设:

在完全竞争市场中，某厂商利用两种投入 A,B 生产一种单一产品，生产函数为 $Q=Q(a,b)$，其中 a,b 分别为两种投入 A,B 的投入量；两种投入 A,B 的价格分别为 P_{a0},P_{b0}；产出的价格为 P_0。生产需要 t 年完成，假设贴现率为 r。

试求：利润最大化时最优投入应满足的一阶必要条件和二阶充分条件。

分析：在完全竞争市场中，投入价格和产出价格不受厂商的控制。生产需要 t 年完成，销售收入需要贴现才能比较。

解：根据题意，总成本函数为

$$C(a,b)=aP_{a0}+bP_{b0}$$

总销售收入函数为

$$R(a,b)=P_0Q(a,b)$$

总销售收入的贴现值为

$$R(a,b)e^{-rt}=P_0Q(a,b)e^{-rt}$$

则总利润函数为

$$\pi(a,b)=R(a,b)e^{-rt}-C(a,b)=P_0Q(a,b)e^{-rt}-(aP_{a0}+bP_{b0})$$

根据多元函数极值条件，得

利润最大化时最优投入应满足的一阶必要条件为：

$$\begin{cases}\pi_a\equiv\dfrac{\partial\pi}{\partial a}=P_0Q_ae^{-rt}-P_{a0}=0\\[2ex]\pi_b\equiv\dfrac{\partial\pi}{\partial b}=P_0Q_be^{-rt}-P_{b0}=0\end{cases}$$

其中，$Q_a=\dfrac{\partial Q(a,b)}{\partial a}$，表示投入 a 的边际产量；

$Q_b=\dfrac{\partial Q(a,b)}{\partial b}$，表示投入 b 的边际产量。

一阶必要条件的经济含义：最优投入 a^* 和 b^* 处的边际产量 $Q_a(a^*,b^*)$ 和 $Q_b(a^*,b^*)$ 的现值（$P_0Q_a(a^*,b^*)e^{-rt}$ 和 $P_0Q_b(a^*,b^*)e^{-rt}$）分别等于投入 A,B 的价格（P_{a0},P_{b0}）。

最优投入水平 (a^*,b^*) 应满足的二阶充分条件为：利润函数 $\pi(a,b)$ 的海塞（Hessian）矩阵

$$D^2\pi(a,b)=\begin{bmatrix}\pi_{aa}&\pi_{ab}\\\pi_{ab}&\pi_{bb}\end{bmatrix}=\begin{bmatrix}P_0Q_{aa}e^{-rt}&P_0Q_{ab}e^{-rt}\\P_0Q_{ab}e^{-rt}&P_0Q_{bb}e^{-rt}\end{bmatrix}$$

在 (a^*,b^*) 处是负定的，即

$$\pi_{aa}<0（或\ Q_{aa}<0）$$

$$\pi_{aa}\pi_{bb}-\pi_{ab}^2>0（或\ Q_{aa}Q_{bb}>Q_{ab}^2）$$

其中，$Q_{aa}=\dfrac{\partial^2Q(a,b)}{\partial a^2}$，$Q_{bb}=\dfrac{\partial^2Q(a,b)}{\partial b^2}$，$Q_{ab}=\dfrac{\partial Q(a,b)}{\partial a\partial b}$。

【思考】

(1) 利润最大化时最优投入的二阶充分条件等价于：生产函数 $Q=Q(a,b)$ 在点

(a^*,b^*) 处的海塞矩阵 $D^2Q(a^*,b^*)$ 是负定的。

(2) 利润最大化时最优投入的二阶充分条件可以得出函数 $Q_a(a,b)$ 在点 (a^*,b^*) 处是 a 的严格减函数；函数 $Q_b(a,b)$ 在点 (a^*,b^*) 处是 b 的严格减函数。反之，不成立。

(3) 利润最大化时最优投入的二阶充分条件可以得出：同一等产量线 $b=\varphi(a)$ 在 (a^*,b^*) 处是严格凸的。

分析：下面仅对(3) 进行分析。

欲证明在 (a^*,b^*) 处是严格凸的，只需证明

设 $b=\varphi(a)$，有 $\dfrac{\mathrm{d}^2b}{\mathrm{d}a^2}>0$。为此，

$$\begin{aligned}\frac{\mathrm{d}^2b}{\mathrm{d}a^2}&=\frac{\mathrm{d}}{\mathrm{d}a}\left(-\frac{Q_a(a,b)}{Q_b(a,b)}\right)\\&=-\frac{1}{Q_b^2}\left(\frac{\mathrm{d}Q_a}{\mathrm{d}a}Q_b-Q_a\frac{\mathrm{d}Q_b}{\mathrm{d}a}\right)\\&=-\frac{1}{Q_b^3}(Q_{aa}Q_b^2-2Q_{ab}Q_aQ_b+Q_{bb}Q_a^2)\\&=-\frac{1}{Q_b^3}(Q_a\quad Q_b)\begin{pmatrix}Q_{aa}&-Q_{ab}\\-Q_{ab}&Q_{bb}\end{pmatrix}\begin{pmatrix}Q_a\\Q_b\end{pmatrix}\end{aligned}$$

由二阶充分条件和(1) 知，矩阵 $D^2Q(a^*,b^*)$ 是负定的，则

$$\begin{pmatrix}Q_{aa}&-Q_{ab}\\-Q_{ab}&Q_{bb}\end{pmatrix}$$

也是负定的。从而，$\dfrac{\mathrm{d}^2b}{\mathrm{d}a^2}>0$。结论得证。

【例5】(完全竞争市场两种产品厂商问题) 假设：

在完全竞争市场下，生产两种产品的厂商，其产品价格分别为 P_{10},P_{20}，产品的产量分别为 Q_1,Q_2。厂商的成本函数为

$$C(Q_1,Q_2)=2Q_1^2+Q_1Q_2+2Q_2^2$$

试求：利润最大化时的均衡产量 Q_1^*,Q_2^*。

解：在完全竞争市场下，产品价格 P_{10},P_{20} 是外生变量，其厂商的收益函数为：

$$R=P_{10}Q_1+P_{20}Q_2$$

根据成本函数，得两产品的边际成本分别为

$$\frac{\partial C}{\partial Q_1}=4Q_1+Q_2\quad\text{和}\quad\frac{\partial C}{\partial Q_2}=Q_1+4Q_2$$

可见，两产品的边际成本都分别依赖于另一产品的产量，即这两种产品在生产上存在技术的相关性。

厂商的利润函数为

$$\pi(Q_1,Q_2,P_{10},P_{20})=R-C=P_{10}Q_1+P_{20}Q_2-(2Q_1^2+Q_1Q_2+2Q_2^2)$$

现在求使利润 π 最大化时的产出水平 Q_1^*,Q_2^*：

使利润函数最大化的一阶必要条件为

$$\begin{cases}\pi_1 = \dfrac{\partial \pi}{\partial Q_1} = P_{10} - 4Q_1 - Q_2 = 0 \\ \pi_2 = \dfrac{\partial \pi}{\partial Q_2} = P_{20} - Q_1 - 4Q_2 = 0\end{cases}$$

解得利润 π 最大化时的可能产出水平 Q_1^*, Q_2^*

$$\begin{cases}Q_1^* = \dfrac{4P_{10} - P_{20}}{15} \\ Q_2^* = \dfrac{4P_{20} - P_{10}}{15}\end{cases}$$

为了确定是否为最大利润,利用二阶充分条件。

利润函数在(Q_1^*, Q_2^*)处的海塞矩阵

$$|H| = D^2\pi = \begin{pmatrix}\pi_{11} & \pi_{12} \\ \pi_{21} & \pi_{22}\end{pmatrix} = \begin{pmatrix}-4 & -1 \\ -1 & -4\end{pmatrix}$$

是负定的。因此,(Q_1^*, Q_2^*)是利润函数的严格极大值点。

又 $D^2\pi$ 对任意$(Q_1, Q_2) \in R_+^2$ 都是负定的,则函数 $\pi(Q_1, Q_2)$ 为严格凹函数。故(Q_1^*, Q_2^*)是利润函数的最大值点。所求利润是最大利润。

【例6】(完全垄断市场垄断厂商生产多种产品)假设:

在完全垄断市场下,某垄断厂商生产两种产品,两种产品的价格(P_1, P_2)随其产量(Q_1, Q_2)的变化而变化(简单地,假定产量等于销量,不考虑存货积累)。垄断厂商的需求函数为

$$\begin{cases}Q_1 = 40 - 2P_1 + P_2 \\ Q_2 = 15 + P_1 - P_2\end{cases}$$

厂商的总成本函数为

$$C(Q_1, Q_2) = Q_1^2 + Q_1Q_2 + Q_2^2$$

试求:利润最大化时的最优产量(Q_1^*, Q_2^*)和最优价格(P_1^*, P_2^*)。

解:从需求函数可知,这两种商品是替代品。为了便于研究,把需求函数变形为

$$\begin{cases}P_1 = 55 - Q_1 - Q_2 \\ P_2 = 70 - Q_1 - 2Q_2\end{cases}$$

因为 $P_1 \equiv AR_1$(平均收益函数)和 $P_2 \equiv AR_2$,所以上式是两产品的平均收益函数。

厂商的总收益函数为

$$R = P_1Q_1 + P_2Q_2 = -Q_1^2 - 2Q_1Q_2 - Q_2^2 + 55Q_1 + 70Q_2$$

则厂商的利润函数为

$$\pi(Q_1, Q_2) = R - C = -2Q_1^2 - 3Q_1Q_2 - 3Q_2^2 + 55Q_1 + 70Q_2$$

欲求利润最大化时的最优产量(Q_1^*, Q_2^*)和最优价格(P_1^*, P_2^*),首先考查利润最大化的一阶条件

$$\begin{cases}\pi_1 = \dfrac{\partial \pi}{\partial Q_1} = 55 - 4Q_1 - 3Q_2 = 0 \\ \pi_2 = \dfrac{\partial \pi}{\partial Q_2} = 70 - 3Q_1 - 6Q_2 = 0\end{cases}$$

解之得可能最优产量$(Q_1^*, Q_2^*) = \left(8, \dfrac{23}{3}\right)$。

为了确定是否为最大利润,利用二阶充分条件。

利润函数在(Q_1^*, Q_2^*)处的海塞矩阵

$$|\boldsymbol{H}| = D^2\pi = \begin{pmatrix}\pi_{11} & \pi_{12} \\ \pi_{21} & \pi_{22}\end{pmatrix} = \begin{pmatrix}-4 & -3 \\ -3 & -6\end{pmatrix}$$

是负定的。因此,(Q_1^*, Q_2^*)是利润函数的严格极大值点。

又$D^2\pi$对任意$(Q_1, Q_2) \in R_+^2$都是负定的,则函数$\pi(Q_1, Q_2)$为严格凹函数。故(Q_1^*, Q_2^*)是利润函数的最大值点。相应的最优价格$(P_1^*, P_2^*) = \left(\dfrac{118}{3}, \dfrac{140}{3}\right)$和最大利润$\pi^* = \dfrac{1465}{3}$。

【例7】(垄断厂商生产一种产品多个市场)假设:

在完全垄断市场下,一个厂商生产一种产品,分别销售于三个不同的国家市场。产品总供给量Q为

$$Q = Q_1 + Q_2 + Q_3$$

其中,$Q_i (i = 1,2,3)$表示对第i个市场的供给量。

逆需求函数P_i为

$$P_i = g_i(Q_i), (i = 1,2,3)$$

其中,$P_i (i = 1,2,3)$表示不同市场的产品价格。

生产总成本函数为

$$C(Q) = C(Q_1 + Q_2 + Q_3)$$

试求:利润最大化时各市场产量满足的一阶必要条件和二阶充分条件,并解释价格歧视的经济含义。

解:依题意,总收益函数为

$$R(Q) = R_1(Q_1) + R_2(Q_2) + R_3(Q_3)$$

利润函数为

$$\pi = R(Q) - C(Q) = R_1(Q_1) + R_2(Q_2) + R_3(Q_3) - C(Q)$$

其一阶偏导数如下:

$$\pi_1 \equiv \frac{\partial \pi}{\partial Q_1} = R_1'(Q_1) - C'(Q)\frac{\partial Q}{\partial Q_1} = R_1'(Q_1) - C'(Q)$$

$$\pi_2 \equiv \frac{\partial \pi}{\partial Q_2} = R_2'(Q_2) - C'(Q)$$

$$\pi_3 \equiv \frac{\partial \pi}{\partial Q_3} = R_3'(Q_2) - C'(Q)$$

令 $\pi_i = \frac{\partial \pi}{\partial Q_i} = 0(i = 1,2,3)$,得,

$$C'(Q) = R_1'(Q_1) = R_2'(Q_2) = R_3'(Q_3)$$

即

$$MC = MR_1 = MR_2 = MR_3$$

这就是利润极大化的一阶必要条件。表示三个市场的最优供应量的选取应使得各个市场的边际收入等于总产出 Q 的边际成本。

下面考查各个市场的边际收益 $MR_i(i = 1,2,3)$ 与相应价格 P_i 的联系。由于各个市场的收益为

$$R_i = P_iQ_i(i = 1,2,3)$$

边际收益为

$$MR_i \equiv \frac{\mathrm{d}R_i}{\mathrm{d}Q_i} = P_i\frac{\mathrm{d}Q_i}{\mathrm{d}Q_i} + Q_i\frac{\mathrm{d}P_i}{\mathrm{d}Q_i} = P_i\left(1 + \frac{dP_i}{dQ_i}\frac{Q_i}{P_i}\right) = P_i\left(1 + \frac{1}{\varepsilon_{di}}\right)$$

$$= P_i\left(1 - \frac{1}{|\varepsilon_{di}|}\right)(i = 1,2,3)$$

其中 ε_{di} 表示第 i 个市场的点弹性,通常为负,是价格 P_i 的函数。

于是,利润极大化的一阶必要条件 $MC = MR_1 = MR_2 = MR_3$ 变形为

$$P_1\left(1 - \frac{1}{|\varepsilon_{d1}|}\right) = P_2\left(1 - \frac{1}{|\varepsilon_{d2}|}\right) = P_3\left(1 - \frac{1}{|\varepsilon_{d3}|}\right) = MC$$

由于边际成本 $MC > 0$,一阶必要条件表示厂商是在边际收益 $MR_i > 0(i = 1,2,3)$ 的水平基础上经营的。上式表明厂商为了达到利润极大化,其选择最优供应量 Q^* 必须使各个市场相应的需求价格弹性 $|\varepsilon_{di}| > 1$。市场 i 的价格弹性 $|\varepsilon_{di}|$ 越小,为了使利润最大化,势必在该市场索取的产品最优定价 P_i^* 就越高。这就是著名的价格歧视理论:垄断厂商将某种产品销售到几个不同的可分割的市场,而各个市场的需求都富有弹性且弹性不同时,为使利润极大化的最优供应量和销售价格的确定,必须实行价格歧视 —— 弹性越大的市场产品的定价越小。

为了确定利润的最大化,考虑二阶偏导数

$$\pi_{11} \equiv \frac{\partial^2 \pi}{\partial Q_1^2} = R_1''(Q_1) - C''(Q)\frac{\partial Q}{\partial Q_1} = R_1''(Q_1) - C''(Q)$$

$$\pi_{22} \equiv \frac{\partial^2 \pi}{\partial Q_2^2} = R_2''(Q_2) - C''(Q)$$

$$\pi_{33} \equiv \frac{\partial^2 \pi}{\partial Q_3^2} = R_3''(Q_3) - C''(Q)$$

而 $\pi_{12} = \pi_{21} = \pi_{13} = \pi_{31} = \pi_{23} = \pi_{32} = -C''(Q)$。

利润函数 π 在 $Q^* = (Q_1^*, Q_2^*, Q_3^*)$ 处为极大值的二阶充分条件是:海塞矩阵

$$|H| = D^2\pi = \begin{pmatrix} \pi_{11} & \pi_{12} & \pi_{13} \\ \pi_{21} & \pi_{22} & \pi_{23} \\ \pi_{31} & \pi_{32} & \pi_{33} \end{pmatrix}$$

$$
=\begin{pmatrix} R_1''(Q_1)-C''(Q) & -C''(Q) & -C''(Q) \\ -C''(Q) & R_2''(Q_2)-C''(Q) & -C''(Q) \\ -C''(Q) & -C''(Q) & R_3''(Q_3)-C''(Q) \end{pmatrix}
$$

是负定的。即下述条件成立:

(1) $|H_1| = R_1''(Q_1) - C''(Q) < 0$;表示市场 1 的 MR_1 的斜率小于 MC 的斜率;

(2) $|H_2| = [R_1''(Q_1) - C''(Q)][R_2''(Q_2) - C''(Q)] - [C''(Q)]^2 > 0$;

(3) $|H_3| = R_1''R_2''R_3'' - (R_1''R_2'' + R_1''R_3'' + R_2''R_3'')C'' < 0$。

【思考】若假设各个市场的收益函数 $R_i(Q_i)(i = 1,2,3)$ 均为凹函数,成本函数 $C(Q)$ 为凸函数。试证明:满足利润极大化一阶必要条件的 $Q^* = (Q_1^*, Q_2^*, Q_3^*)$,一定是利润函数 π 获得最大值。

【练习】设一个垄断厂商在三个不同的市场销售同一产品,其平均收益函数(反需求函数)为

$$
\begin{cases} P_1 = 63 - 4Q_1 \\ P_2 = 105 - 5Q_2 \\ P_3 = 75 - 6Q_3 \end{cases}
$$

总成本函数为

$$C(Q) = 20 + 15Q$$

其中 $Q = Q_1 + Q_2 + Q_3$。为了实现利润最大化。

(1) 当不实行价格歧视时,试求三个市场的最优供应量和相应的最优价格;

(2) 当实行价格歧视时,试求三个市场的最优供应量和相应的最优价格;试比较三个市场的需求弹性与价格之间的关系。

【例 8】(厂商投入水平决策模型)

假设一个厂商使用两种投入 a、b 来生产一种产品产量为 Q,两种投入 a、b 的价格分别为 P_{a0} 和 P_{b0}。厂商不能控制投入的价格,也不能控制产出价格 P_0。生产周期设为 t 年,贴现率为 r。

试求:利润最大化时,

解:根据已知,生产函数为

$$Q = Q(a,b)$$

总成本函数为

$$C = aP_{a0} + bP_{b0}$$

总收益函数为

$$R = P_0 Q(a,b)$$

因为产品生产周期设为 t 年,求利润函数需要折现。贴现率为 r,故利润函数为

$$\pi = R - C = P_0 Q(a,b) - aP_{a0} - bP_{b0}$$

利润函数极大化的一阶必要条件为

$$\begin{cases}\pi_a \equiv \dfrac{\partial \pi}{\partial a} = P_0 Q_a e^{-rt} - P_{a0} = 0 \\ \pi_b \equiv \dfrac{\partial \pi}{\partial b} = P_0 Q_b e^{-rt} - P_{b0} = 0\end{cases}$$

其中 Q_a、Q_b 分别是产品 Q 的边际产量。

$P_0 Q_a e^{-rt} = P_{a0}$:表示投入 a 的边际产量价值 $P_0 Q_a$ 的现值 $P_0 Q_a e^{-rt}$ 等于投入 a 的价格 P_{a0};

$P_0 Q_b e^{-rt} = P_{b0}$:表示投入 b 的边际产量价值的现值 $P_0 Q_b e^{-rt}$ 等于投入 b 的价格 P_{b0}。

利润函数 π 在投入(a^*, b^*)处为极大值的二阶充分条件是:海塞矩阵

$$|H| = D^2 \pi = \begin{pmatrix} \pi_{aa} & \pi_{ab} \\ \pi_{ab} & \pi_{bb} \end{pmatrix} = \begin{pmatrix} P_0 Q_{aa} e^{-rt} & P_0 Q_{ab} e^{-rt} \\ P_0 Q_{ab} e^{-rt} & P_0 Q_{bb} e^{-rt} \end{pmatrix}$$

是负定的。即下述条件成立:

(1) $|H_1| = \pi_{aa} = P_0 Q_{aa} e^{-rt} < 0$;

(2) $|H_2| = |H| = \pi_{aa}\pi_{bb} - \pi_{ab}^2 > 0$。

第三节　具有等式约束条件下的优化理论

在上节讨论的是没有约束条件下目标函数的优化理论。但在现实生活中,优化决策往往都是受到现实条件的限制,比如产量、资金等往往都是有限的。如何在约束条件下获得最优化解,是经济学中的一个关键问题。其求解所涉及的数学理论和方法很多,最基本的是微分学中的拉格朗日乘数法。本节讨论等式约束条件下的优化理论。

【例 1】已知消费者欲花费 60 万元购买两种商品,两种商品的价格分别为 4 万元和 2 万元。其效用函数为

$$U = x_1 x_2 + 2x_1$$

其中 x_1、x_2 表示消费者购买两种商品的数量。

试求:在约束条件下两种商品的数量如何匹配可以实现最大效用。

【法一】根据已知,约束条件表示为

$$4x_1 + 2x_2 = 60$$

则效用函数变形为

$$U = 32x_1 - 2x_1^2$$

考虑极值的一阶必要条件,令

$$\frac{\mathrm{d}U}{\mathrm{d}x_1} = 32 - 4x_1 = 0$$

得

$$\begin{cases} x_1^* = 8 \\ x_2^* = 14 \end{cases}$$

考虑极值的二阶充分条件，

$$\frac{d^2U}{dx_1^2} = -4 < 0$$

故得极大值为

$$U^* = 128$$

上述方法是把约束等式条件利用消元法转化为无约束条件的优化问题。但现实中大多约束条件不能通过消元法等简化，这时，我们可以借助拉格朗日乘数法。

【法二】（拉格朗日乘数法）

根据已知，拉格朗日函数为

$$Z = x_1x_2 + 2x_1 + \lambda(60 - 4x_1 - 2x_2)$$

其中 λ 为拉格朗日乘数，是待定的变量。这就把约束条件优化问题变成为无约束条件的优化问题。

考虑极值的一阶必要条件，令

$$\begin{cases} Z_\lambda \equiv \dfrac{\partial Z}{\partial \lambda} = 60 - 4x_1 - 2x_2 = 0 \\ Z_1 \equiv \dfrac{\partial Z}{\partial x_1} = x_2 + 2 - 4\lambda = 0 \\ Z_2 \equiv \dfrac{\partial Z}{\partial x_2} = x_1 - 2\lambda = 0 \end{cases}$$

解得

$$\begin{cases} x_1^* = 8 \\ x_2^* = 14 \\ \lambda^* = 4 \end{cases}$$

求得 Z 的稳定值为

$$Z^* = 128$$

可见，两种方法所求的最大效用 $U^* = Z^* = 128$。但第二种方法便于推广，此处仅讨论了一阶必要条件，确定了 Z^* 是稳定值，若要确定是否为极大极小值，需要下面讨论的二阶条件。

一般地，设目标函数为 $z = f(x,y)$，约束条件为 $g(x,y) = c$。试求目标函数的极值。

根据微分学的理论，由约束条件 $g(x,y) = c$，有

$$dg = g_x dx + g_y dy = 0$$

$$d^2g = g_{xx}dx^2 + 2g_{xy}dxdy + g_{yy}dy^2 + g_y d^2y = 0$$

由此式可以得到 d^2y 的表达式。

又

$$dz = f_x dx + f_y dy$$

$$d^2z = f_{xx}dx^2 + 2f_{xy}dxdy + f_{yy}dy^2 + f_y d^2y$$

把 d^2y 的表达式代入上式，得

$$d^2z = \left(f_{xx} - \frac{f_y}{g_y}g_{xx}\right)dx^2 + 2\left(f_{xy} - \frac{f_y}{g_y}g_{xy}\right)dxdy + \left(f_{yy} - \frac{f_y}{g_y}g_{yy}\right)dy^2$$
$$= Z_{xx}dx^2 + Z_{xy}dxdy + Z_{yx}dydx + Z_{yy}dy^2$$

其中，$Z_{xx} = f_{xx} - \frac{f_y}{g_y}g_{xx} = f_{xx} - \lambda g_{xx}\left(令\lambda = \frac{f_y}{g_y}\right)$

$$Z_{xy} = f_{xy} - \lambda g_{xy} = Z_{yx}$$
$$Z_{yy} = f_{yy} - \lambda g_{yy}$$

可得：$z = f(x,y)$ 取得极值的二阶必要条件为

若 d^2z 为负半定，且 $dg = 0$；则 $z = f(x,y)$ 取得极大值。

若 d^2z 为正半定，且 $dg = 0$；则 $z = f(x,y)$ 取得极小值。

$z = f(x,y)$ 取得极值的二阶充分条件为

若 d^2z 为负定，且 $dg = 0$；则 $z = f(x,y)$ 取得极大值。

若 d^2z 为正定，且 $dg = 0$；则 $z = f(x,y)$ 取得极小值。

二阶充分条件中 d^2z 的正负定性，可以利用行列式表示如下：

d^2z 为负定，当且仅当，海塞加边行列式

$$|\overline{H}| = \begin{vmatrix} 0 & g_x & g_y \\ g_x & Z_{xx} & Z_{xy} \\ g_y & Z_{yx} & Z_{yy} \end{vmatrix} > 0$$

d^2z 为正定，当且仅当，海塞加边行列式

$$|\overline{H}| = \begin{vmatrix} 0 & g_x & g_y \\ g_x & Z_{xx} & Z_{xy} \\ g_y & Z_{yx} & Z_{yy} \end{vmatrix} < 0$$

其中海塞加边行列式 $|\overline{H}|$ 是海塞矩阵

$$|H| = \begin{vmatrix} Z_{xx} & Z_{xy} \\ Z_{yx} & Z_{yy} \end{vmatrix}$$

与约束条件 $g_x dx + g_y dy = 0$ 的组合。

【例 2】已知约束条件为 $x_1 + 4x_2 = 2$ 下，函数为

$$Z = x_1^2 + x_2^2$$

的极值。

解：根据已知，拉格朗日函数为

$$Z = x_1^2 + x_2^2 + \lambda(2 - x_1 - 4x_2)$$

其中 λ 为拉格朗日乘数。

考虑极值的一阶必要条件，令

$$\begin{cases} Z_\lambda \equiv \dfrac{\partial Z}{\partial \lambda} = 2 - x_1 - 4x_2 = 0 \\ Z_1 \equiv \dfrac{\partial Z}{\partial x_1} = 2x_1 - \lambda = 0 \\ Z_2 \equiv \dfrac{\partial Z}{\partial x_2} = 2x_2 - 4\lambda = 0 \end{cases}$$

解得

$$\begin{cases} x_1^* = \dfrac{2}{17} \\ x_2^* = \dfrac{8}{17} \\ \lambda^* = \dfrac{4}{17} \end{cases}$$

求得 Z 的稳定值为

$$Z^* = \frac{4}{17}$$

$Z^* = \dfrac{4}{17}$ 是极大值还是极小值呢,需要利用二阶条件进行检验。由

$$\begin{cases} Z_1 = 2x_1 - \lambda \\ Z_2 = 2x_2 - 4\lambda \end{cases}$$

得

$$Z_{11} = 2, Z_{12} = Z_{21} = 0, Z_{22} = 2$$

由约束条件

$$x_1 + 4x_2 = 2$$

得

$$g_1 = 1, g_2 = 4$$

于是,海塞加边行列式为

$$|\bar{H}| = \begin{vmatrix} 0 & 1 & 4 \\ 1 & 2 & 0 \\ 4 & 0 & 2 \end{vmatrix} = -34 < 0$$

得 d^2z 为正定,且 $dg = 0$;则 $z = f(x, y)$ 取得极小值,为

$$Z^* = \frac{4}{17}$$

【练习】已知约束条件为 $x_1 + x_2 = 6$ 下,函数为

$$Z = x_1 x_2$$

的极值。

上述方法可以推广到 n 个变量和多重约束的情况。

情况一:n 个变量单一约束条件下的极值解法

一般地,设目标函数为

$$z = f(x_1, x_2, \cdots, x_n)$$

满足约束条件

$$g(x_1, x_2, \cdots, x_n) = c$$

求目标函数的极值条件。

现在,拉格朗日函数为

$$Z = f(x_1, x_2, \cdots, x_n) + \lambda[c - g(x_1, x_2, \cdots, x_n)]$$

其中 λ 为拉格朗日乘数。

拉格朗日函数取得极值的一阶必要条件是

$$\begin{cases} Z_\lambda \equiv \dfrac{\partial Z}{\partial \lambda} = c - g(x_1, x_2, \cdots, x_n) = 0 \\ Z_1 \equiv \dfrac{\partial Z}{\partial x_1} = f_1 - \lambda g_1 = 0 \\ Z_2 \equiv \dfrac{\partial Z}{\partial x_2} = f_2 - \lambda g_2 = 0 \\ \cdots \\ Z_n \equiv \dfrac{\partial Z}{\partial x_n} = f_n - \lambda g_n = 0 \end{cases}$$

根据方程组解得稳定值解($x_1^*, x_2^*, \cdots, x_n^*, \lambda^*$),从而求出 Z 的稳定值:$Z^* = f(x_1^*, x_2^*, \cdots, x_n^*)$

确定该稳定值是极大极小值的二阶充分条件,取决于 d^2z 的正定或负定性。$z = f(x_1, x_2, \cdots, x_n)$ 取得极值的二阶充分条件为

若 d^2z 为负定,且 $dg = 0$;则 $z = f(x_1, x_2, \cdots, x_n)$ 取得极大值。

若 d^2z 为正定,且 $dg = 0$;则 $z = f(x_1, x_2, \cdots, x_n)$ 取得极小值。

其中 d^2z 是一个以 $dx_1, dx_2, \cdots, dx_n$ 为变量的约束二次型,其正定或负定的判定,可以利用海塞加边行列式来表示。其约束条件 $g(x_1, x_2, \cdots, x_n) = c$,有

$$dg = g_1 dx_1 + g_2 dx_2 + \cdots + g_n dx_n = 0$$

d^2z 为正定,当且仅当,在满足约束条件 $dg = 0$ 下,海塞加边行列式 $|\overline{H}|$ 的逐次加边主子式 $|\overline{H_2}|$、$|\overline{H_3}|$、…、$|\overline{H_n}|$ 都小于零。即

$$|\overline{H}| = \begin{vmatrix} 0 & g_1 & g_2 & \cdots & g_n \\ g_1 & Z_{11} & Z_{12} & \cdots & Z_{1n} \\ g_2 & Z_{21} & Z_{22} & \cdots & Z_{2n} \\ \vdots & \cdots & \cdots & \cdots & \vdots \\ g_n & Z_{n1} & Z_{n2} & \cdots & Z_{nn} \end{vmatrix}$$

$$|\overline{H_2}| = \begin{vmatrix} 0 & g_1 & g_2 \\ g_1 & Z_{11} & Z_{12} \\ g_2 & Z_{21} & Z_{22} \end{vmatrix} < 0$$

$$|\overline{H_3}| = \begin{vmatrix} 0 & g_1 & g_2 & g_3 \\ g_1 & Z_{11} & Z_{12} & Z_{13} \\ g_2 & Z_{21} & Z_{22} & Z_{23} \\ g_3 & Z_{31} & Z_{32} & Z_{33} \end{vmatrix} < 0$$

…

$$|\overline{H_n}| = \begin{vmatrix} 0 & g_1 & g_2 & \cdots & g_n \\ g_1 & Z_{11} & Z_{12} & \cdots & Z_{1n} \\ g_2 & Z_{21} & Z_{22} & \cdots & Z_{2n} \\ \vdots & \cdots & \cdots & \cdots & \vdots \\ g_n & Z_{n1} & Z_{n2} & \cdots & Z_{nn} \end{vmatrix} < 0,(n = 2,3,\cdots,n)$$

d^2z 为负定,当且仅当,在满足约束条件 $dg = 0$ 下,海塞加边行列式逐次加边主子式满足:

$$|\overline{H_2}| > 0;|\overline{H_3}| < 0;|\overline{H_4}| > 0;\cdots;(-1)^n|\overline{H_n}| > 0$$

情况二:n 个变量多重约束条件下的极值解法

一般地,设目标函数为

$$z = f(x_1,x_2,\cdots,x_n)$$

同时满足两个约束条件

$$\begin{cases} g(x_1,x_2,\cdots,x_n) = c \\ h(x_1,x_2,\cdots,x_n) = \mathrm{d} \end{cases}$$

求目标函数的极值条件。

现在,拉格朗日函数为

$$Z = f(x_1,x_2,\cdots,x_n) + \lambda[c - g(x_1,x_2,\cdots,x_n)] + \mu[\mathrm{d} - h(x_1,x_2,\cdots,x_n)]$$

其中 λ、μ 为拉格朗日乘数。

拉格朗日函数取得极值的一阶必要条件是

$$\begin{cases} Z_\lambda \equiv \dfrac{\partial Z}{\partial \lambda} = c - g(x_1,x_2,\cdots,x_n) = 0 \\ Z_\mu \equiv \dfrac{\partial Z}{\partial \mu} = \mathrm{d} - h(x_1,x_2,\cdots,x_n) = 0 \\ Z_1 \equiv \dfrac{\partial Z}{\partial x_1} = f_1 - \lambda g_1 - \mu h_1 = 0 \\ Z_2 \equiv \dfrac{\partial Z}{\partial x_2} = f_2 - \lambda g_2 - \mu h_2 = 0 \\ \cdots \\ Z_n \equiv \dfrac{\partial Z}{\partial x_n} = f_n - \lambda g_n - \mu h_n = 0 \end{cases}$$

根据方程组解得稳定值解$(x_1^*,x_2^*,\cdots,x_n^*,\lambda^*,\mu^*)$,从而求出 Z 的稳定值:$Z^* = f(x_1^*,x_2^*,\cdots,x_n^*)$。

确定该稳定值是 $z=f(x_1,x_2,\cdots,x_n)$ 的极大极小值的二阶充分条件,可以利用海塞加边行列式表示。

设海塞加边行列式为

$$|\overline{H}|=\begin{vmatrix} 0 & 0 & \mu_1 & \mu_2 & \cdots & \mu_n \\ 0 & 0 & g_1 & g_2 & \cdots & g_n \\ \mu_1 & g_1 & Z_{11} & Z_{12} & \cdots & Z_{1n} \\ \mu_2 & g_2 & Z_{21} & Z_{22} & \cdots & Z_{2n} \\ \vdots & \cdots & \cdots & \cdots & \cdots & \vdots \\ \mu_n & g_n & Z_{n1} & Z_{n2} & \cdots & Z_{nn} \end{vmatrix}$$

$$|\overline{H_3}|=\begin{vmatrix} 0 & 0 & \mu_1 & \mu_2 & \mu_3 \\ 0 & 0 & g_1 & g_2 & g_3 \\ \mu_1 & g_1 & Z_{11} & Z_{12} & Z_{13} \\ \mu_2 & g_2 & Z_{21} & Z_{22} & Z_{23} \\ \mu_3 & g_3 & Z_{31} & Z_{32} & Z_{33} \end{vmatrix}$$

…

$$|\overline{H_n}|=\begin{vmatrix} 0 & 0 & \mu_1 & \mu_2 & \cdots & \mu_n \\ 0 & 0 & g_1 & g_2 & \cdots & g_n \\ \mu_1 & g_1 & Z_{11} & Z_{12} & \cdots & Z_{1n} \\ \mu_2 & g_2 & Z_{21} & Z_{22} & \cdots & Z_{2n} \\ \vdots & \cdots & \cdots & \cdots & \cdots & \vdots \\ \mu_n & g_n & Z_{n1} & Z_{n2} & \cdots & Z_{nn} \end{vmatrix}$$

$z=f(x_1,x_2,\cdots,x_n)$ 的极大值的二阶充分条件是:加边主子式

$$|\overline{H_3}|<0,|\overline{H_4}|>0,|\overline{H_5}|<0,|\overline{H_6}|>0,\cdots$$

$z=f(x_1,x_2,\cdots,x_n)$ 的极小值的二阶充分条件是:加边主子式

$$|\overline{H_3}|>0,|\overline{H_4}|>0,|\overline{H_5}|>0,|\overline{H_6}|>0,\cdots$$

【例 3】平滑(指数)效用函数最大化

假设消费者仅选择消费两种商品 x,y,对应的价格 P_x,P_y 由市场决定,消费者的购买力为 B。效用函数为

$$U=U(x,y)$$

且具有连续的正的边际效用函数。

试求:最大化平滑(指数)效用函数。

解:根据已知,目标函数为

$$U=U(x,y),(U_x,U_y>0)$$

满足约束条件

$$xP_x+yP_y=B$$

拉格朗日函数为

$$Z = U(x,y) + \lambda(B - xP_x - yP_y)$$

其中 λ 为拉格朗日乘数。

考虑极值的一阶必要条件，令

$$\begin{cases} Z_\lambda \equiv \dfrac{\partial Z}{\partial \lambda} = B - xP_x - yP_y = 0 \\ Z_1 \equiv \dfrac{\partial Z}{\partial x} = U_x - \lambda P_x = 0 \\ Z_2 \equiv \dfrac{\partial Z}{\partial y} = U_y - \lambda P_y = 0 \end{cases}$$

由后面两个等式可以得

$$\frac{U_x}{P_x} = \frac{U_y}{P_y} = \lambda$$

这正是古典消费者理论的一个命题：为使效用最大化，消费者必须将其预算的分配使得每一商品的边际效用与价格之比率相等，等于拉格朗日乘数的最优值 λ^*。λ^* 可以解释为：当消费者效用最大化时，（预算）货币的边际效用。

考虑二阶充分条件，要求海塞加边行列式为正的，即

$$|\overline{H}| = \begin{vmatrix} 0 & P_x & P_y \\ P_x & U_{xx} & U_{xy} \\ P_y & U_{yx} & U_{yy} \end{vmatrix} = 2P_xP_yU_{xx} - P_y^2U_{xx} - P_x^2U_{yy} > 0$$

【例 4】（产出水平给定的最小成本投入组合模型）

假设具有两种投入 a,b，对应的投入价格 P_a,P_b 由市场决定。假设具有平滑的两种可变投入的生产函数为 $Q(a,b)$，生产者的产出水平为 Q_0。成本函数为

$$C = aP_a + bP_b$$

试求：最小化成本函数。

解：根据已知，目标函数为

$$C = aP_a + bP_b$$

满足约束条件

$$Q(a,b) = Q_0$$

拉格朗日函数为

$$Z = aP_a + bP_b + \lambda[Q_0 - Q(a,b)]$$

其中 λ 为拉格朗日乘数。

考虑极值的一阶必要条件，令

$$\begin{cases} Z_\lambda \equiv \dfrac{\partial Z}{\partial \lambda} = Q_0 - Q(a,b) = 0 \\ Z_1 \equiv \dfrac{\partial Z}{\partial a} = P_a - \lambda Q_a = 0 \\ Z_2 \equiv \dfrac{\partial Z}{\partial b} = P_b - \lambda Q_b = 0 \end{cases}$$

由后面两个等式可以得

$$\frac{P_a}{Q_a} = \frac{P_b}{Q_b} = \lambda$$

考虑二阶充分条件,要求海塞加边行列式为负的,即

$$|\bar{H}| = \begin{vmatrix} 0 & Q_a & Q_b \\ Q_a & -\lambda Q_{aa} & -\lambda Q_{ab} \\ Q_b & -\lambda Q_{ba} & -\lambda Q_{bb} \end{vmatrix} = \lambda(Q_{aa}Q_b^2 - 2Q_{ab}Q_aQ_b + Q_{bb}Q_a^2) < 0$$

第五章　动态经济分析

第一节　积分学基本思想

积分概念起源于求曲线长、曲线围成的面积和曲面围成的体积等几何问题，以及物体的重心、两个物体之间的引力、已知物体加速度求速度和距离等物理学问题。这些问题都是 17 世纪主要的科学问题。但积分的思想却可以追溯到古希腊时期。

第一个与这场人类最伟大的“智力革命”有关的是泰勒斯(Thales，约公元前625—约公元前547 年)，他是第一个闻名于世的数学家。他引入命题证明的思想，开创了作为演绎科学的数学。他的学生毕达哥拉斯(Pythagoras，约公元前 560— 约公元前 480 年)，他发现了著名的勾股定理。他创立的学派提出了面积贴合理论和发现了不可公度问题。前者产生了古希腊求面积的重要方法 —— 穷竭法；后者是无理数概念的起源，直到 19 世纪末数学家们才完善了这一概念，从而奠定了整个微积分学的基础。积分学的第一步是欧多克索斯(Eudoxus，约公元前408—约公元前355 年) 迈出的。他建立了严谨的穷竭法，利用该法证明了：棱(圆) 锥体积是同底同高棱(圆) 柱体积的三分之一。而作为近代积分学的真正先驱是古代最伟大的数学家阿基米德(Archimedes，公元前 287— 公元前 212 年)。在 1906 年发现他的《方法》一书的实质就是积分法的基本思想，其方法思想已经触及了 17 世纪的无穷小分析领域。正如莱布尼兹所说：“了解阿基米德和阿波罗尼斯的人，对后世杰出人物的成就不会再那么钦佩了。”

17 世纪求面积、体积、重心和曲线长的工作开始于开普勒(Kepler，1571—1630)。在《测量酒桶体积的新科学》(1615) 中，他利用无数个同维的无穷小元素之和确定曲边形面积和体积。法国数学家罗伯瓦尔(Roberval，1602—1675) 在《不可分量论》(1634) 中使用了实质上是不可分法求出旋轮线的一个拱下面的面积。伽利略(Galileo) 的学生卡瓦列里(B. Cavalieri，1598—1647) 发展了他们的不可分法思想成为几何方法，出版了专著《用新的方法推进连续体的不可分量的几何学》(1635)，其中提出了卡瓦列里定理，就是我国称为的祖暅原理。费尔马在手稿《求最大值与最小值的方法》(1637) 中成功地克服了卡瓦列里的弱点，采用的方法几乎就是近代定积分的全部过程。在牛顿和莱布尼兹之前把分析方法引入微积分所做工作最多的是沃利斯(Wallis，1616—1703)。他在《无穷的算术》(1655) 中把由卡瓦列里开创，费尔马发展的不可分量几何方法算术化。在牛顿和莱布尼兹作出他们的冲刺之前，微积分的大量知识已经积累起来；甚至在巴罗的《几何讲义》中已经有了微分和积分的关系，但它是几何形式。许多数学家的工作都沉没在细节中，牛顿和莱布尼兹的贡献正在于提供了普遍的思想和方法。牛顿以微分为基础，从考虑变化率出发来解决面积和体积问题；莱布尼兹把面积看作微分的无穷和，通过反微分来计算这些和。柯西在《无穷小分析教程概论》(1823) 中对定积分作了最系统的开创性工作。柯西的积分定义为黎曼(Riemann，1826—1866) 所发展。随后积分概念被推广到无界函数和各种广义积分，到 1875 年时积分概念已经被建立在充分广阔而严密的基础之上。到 20 世纪，法国数学家勒贝格(Henri Lebesgue，1875—1941) 再次把黎曼积分推广到建立在测度概念基础上的勒贝格积分。

第二节　积分学与动态经济学

前面通过对静态分析和比较静态分析的研究。在静态分析中，我们主要关心的是求经济模型中内生变量在何处达到均衡值，忽略了导致均衡状态的变量的调整过程，对于何时达到均衡状态和达到均衡状态的过程中是否出现问题等没有考虑。比较静态分析较好地解决了在调整过程中由外生变量发生变化所导致的均衡状态移动的问题，但它又武断的假设：经济调节过程一定会导致均衡状态的出现。而在调整过程中，均衡状态是否能达到和均衡状态是否稳定的问题，只好留给动态经济分析来解决，它将弥补静态分析和比较静态分析的不足。

动态经济分析的标准含义指：研究在给定的充分长的时间内，导致均衡状态的变量是否趋向收敛于某一均衡值，以及这些变量收敛的具体时间路径。其一个显著特征是确定变量的时间，把时间因素明确纳入到经济分析中。若是在连续时间变量情况下讨论，将利用积分学和微分方差等数学方法；若是在离散时间变量情况下讨论，将运用差分方程等数学工具。动态经济学问题的实质在于：在初始条件下，给定变量随时间变化的行为模式，以求出描述变量时间路径的函数。

【例 1】已知人口规模 H 随时间 t 的变化速率为

$$\frac{\mathrm{d}H}{\mathrm{d}t} = t^{-\frac{1}{2}}$$

人口规模 H 在时间 $t = 0$ 时初始人口 $H(0) = 100$ 万人。

试求：人口规模 $H = H(t)$ 产生这一变化速率的时间路径。

解：利用不定积分知识，由

$$\frac{\mathrm{d}H}{\mathrm{d}t} = t^{-\frac{1}{2}}$$

可得

$$H(t) = \int \frac{\mathrm{d}H}{\mathrm{d}t}\mathrm{d}t = \int t^{-\frac{1}{2}}\mathrm{d}t = 2t^{\frac{1}{2}} + c(c\text{ 为常数})$$

于是在给定初始条件 $H(0) = 100$ 的时间路径为

$$H(t) = 2t^{-\frac{1}{2}} + H(0) = 2t^{\frac{1}{2}} + 100$$

【例 2】已知厂商的总成本函数 $C(Q)$ 的边际成本函数 $MC(Q)$ 为

$$MC(Q) = C'(Q) = 2e^{0.2Q}$$

其中 Q 为产出量。

试求：在固定成本 $C_F = 90$ 下的总成本函数 $C(Q)$？

解：积分边际成本函数

$$C'(Q) = 2e^{0.2Q}$$

得

$$C(Q) = \int C'(Q)\mathrm{d}Q = \int 2e^{0.2Q}\mathrm{d}Q = 10e^{0.2Q} + c(c\text{ 为常数})$$

因为当 $Q = 0$ 时，总成本函数 $C(0) = C_F = 90$ 是初始条件。故总成本函数 $C(Q)$ 为

$$C(Q) = 10e^{0.2Q} + 80$$

【例 3】已知储蓄函数 $S(Y)$ 的边际储蓄倾向函数 MPS 为

$$MPS = S'(Y) = 0.3 - 0.1Y^{-\frac{1}{2}}$$

其中 Y 是收入。假定当收入 $Y = 81$ 时，总储蓄 $S(Y) = 0$。

试求：储蓄函数 $S(Y)$？

解：利用积分知识，将边际储蓄倾向函数 $S'(Y)$ 对收入 Y 积分，得

$$S(Y) = \int S'(Y)\mathrm{d}Y = \int(0.3 - 0.1Y^{-\frac{1}{2}})\mathrm{d}Y = 0.3Y - 0.2Y^{-\frac{1}{2}} + c$$

根据已知条件 $S(81) = 0$，得储蓄函数 $S(Y)$ 为

$$S(Y) = 0.3Y - 0.2Y^{-\frac{1}{2}} - 22.5$$

【例 4】（投资与资本形成模型）

假定资本形成是增加给定资本存量的连续过程，资本存量表示为时间 t 的函数 $K(t)$，在时间 t 的资本形成率 $K'(t)$ 与净投资（流量）率 $I(t)$ 相等。总投资 I_g 和净投资 I 的关系如下：

$$I_g = I + \delta K$$

其中 δ 表示资本折旧率，δK 表示重置投资率。

(1) 已知净投资流量为 $I(t) = 3t^{\frac{1}{2}}$，初始资本存量 $K(0) = 1$。试求资本存量 $K(t)$ 的时间路径？

(2) 若净投资是一个不变流量 $I(t) = 10\ 000$（元／年），则在一年内（即 $t = 0$ 至 $t = 1$）的总净投资是多少？

(3) 若净投资是一个可变流量为 $I(t) = 3t^{\frac{1}{2}}$（元／年），试求第二、三、四年间的资本形成是多少？

解：由在时间 t 的资本形成率 $K'(t)$ 与净投资（流量）率 $I(t)$ 相等可知，

$$K'(t) = I(t)$$

有

$$K(t) = \int K'(t)\mathrm{d}t = \int I(t)\mathrm{d}t$$

根据(1) 已知可得

$$K(t) = \int I(t)\mathrm{d}t = \int 3t^{\frac{1}{2}}\mathrm{d}t = 2t^{\frac{3}{2}} + c$$

由初始条件 $K(0)=1$，得

$$K(t)=2t^{\frac{3}{2}}+K(0)=2t^{\frac{3}{2}}+1$$

根据(2)已知可得

$$K(t)=\int_0^1 I(t)\,\mathrm{d}t=\int_0^1 10\,000\,\mathrm{d}t=10\,000\,|_0^1=10\,000$$

根据(3)已知可得

$$K(t)=\int_1^4 I(t)\,\mathrm{d}t=\int_1^4 3t^{\frac{1}{2}}\,\mathrm{d}t=2t^{\frac{3}{2}}\,|_1^4=14$$

【例5】(连续资金流量的现值模型)

设有收益率为 $R(t)$ 元的连续收入流，时间 t 为连续变量，$\mathrm{d}t$ 为无穷小时间变化，在时期 $[t,t+\mathrm{d}t]$ 的收益量为 $R(t)\mathrm{d}t$。按年利率 r 连续贴现，其现值为 $R(t)e^{-rt}\mathrm{d}t$。则连续 n 年资金收入流量的总现值为

$$P_n=\int_0^n R(t)e^{-rt}\,\mathrm{d}t$$

若资金收入流量一直持续(如持久债券或土地等恒久资产所获得收益)，则持久资金收入流量的总现值为

$$P_\infty=\int_0^\infty R(t)e^{-rt}\,\mathrm{d}t$$

(1)现设有一连续资金收入流按每年3000元的不变收益率持续2年，其贴现率为年利率6%，试求2年来的整个资金流的现值？

(2)设有一持久连续资金收入流按每年不变收益率 M 元获得收益，其贴现率为 r 连续贴现。试求这一持久资金收入流量的总现值。

解：根据(1)已知，有

$$P_2=\int_0^n R(t)e^{-rt}\,\mathrm{d}t=\int_0^2 3000e^{-0.06t}\,\mathrm{d}t=\frac{3000}{0.06}(1-e^{-0.06\times 2})=5655$$

根据(2)已知，有

$$P_\infty=\int_0^\infty R(t)e^{-rt}\,\mathrm{d}t=\int_0^\infty Me^{-rt}\,\mathrm{d}t=\lim_{n\to\infty}\int_0^n Me^{-rt}\,\mathrm{d}t=\lim_{n\to\infty}\frac{M}{r}(1-e^{-rn})=\frac{M}{r}$$

【例6】(多马古典增长模型)

多马古典增长模型是E. D. 多马教授1946年发表在《经济计量学》中的“资本扩张、增长率及就业”一文提出的。多马古典增长模型基本假设如下：

(1)年投资(流量)比率 $I(t)$ 的变化会影响总需求和该经济体的生产能力；

(2) $I(t)$ 变化的需求效应通过乘数过程发挥作用。$I(t)$ 的提高可以通过 $I(t)$ 增量的乘数作用增加年收入流量比率 $Y(t)$。假设 $I(t)$ 是唯一影响收入流量比率 $Y(t)$ 的支出流量，则有

$$\frac{\mathrm{d}Y(t)}{\mathrm{d}t}=\frac{\mathrm{d}I(t)}{\mathrm{d}t}\cdot k=\frac{\mathrm{d}I(t)}{\mathrm{d}t}\cdot\frac{1}{s}$$

其中 $k=\frac{1}{s}$，表示乘数，s 表示已知的边际储蓄倾向，是个常数。

(3)投资的生产能力效应通过该经济能够生产的潜在产出能力变化来度量。假定能

力—资本比率不变，即

$$\frac{\kappa}{K} \equiv \rho(\rho \text{ 为常数})$$

其中 κ：表示生产能力或每年的潜在产出流量；

K：表示资本存量，是时间 t 的函数 $K(t)$；

ρ：表示已知能力—资本比率。

从上式可得 $\kappa = \rho K$，表示资本存量 $K(t)$ 的经济体每年能够生产的产出或收入，表示生产能力或每年的潜在产出是资本存量 K 的常数倍数。由此可得

$$\mathrm{d}\kappa = \rho \mathrm{d}K(\text{生产函数})，\text{且}\frac{\mathrm{d}\kappa}{\mathrm{d}t} = \rho\frac{\mathrm{d}K}{\mathrm{d}t} = \rho I$$

(4) 多马古典增长模型的均衡条件是：生产能力得到充分利用的状态。为此要求总需求等于该年度能够生产的潜在产出，即 $Y = \kappa$。从均衡状态出发，多马模型的均衡条件表示为

$$\frac{\mathrm{d}Y}{\mathrm{d}t} = \frac{\mathrm{d}\kappa}{\mathrm{d}t}$$

试求：满足这一均衡条件下的投资 $I(t)$ 的时间路径？

解：把基本假设(2)和(3)代入均衡条件，有

$$\frac{\mathrm{d}I(t)}{\mathrm{d}t}\cdot\frac{1}{s} = \rho I$$

变形为

$$\frac{1}{I}\frac{\mathrm{d}I(t)}{\mathrm{d}t} = \rho s$$

两边对时间 t 积分，有

$$\int\frac{1}{I}\frac{\mathrm{d}I(t)}{\mathrm{d}t}\mathrm{d}t = \int\rho s\mathrm{d}t$$

又左边

$$\int\frac{1}{I}\frac{\mathrm{d}I(t)}{\mathrm{d}t}\mathrm{d}t = \int\frac{\mathrm{d}I}{I} = \ln|I| + c_1，(I \neq 0, c_1 \text{ 为常数})$$

右边

$$\int\rho s\mathrm{d}t = \rho st + c_2，(c_2 \text{ 为常数})$$

故有

$$\ln|I| = \rho st + c，(c \text{ 为常数})$$

即所求投资路径为

$$|I(t)| = Ae^{\rho st} = I(0)e^{\rho st}$$

其中 $A \equiv e^c = I(0)$，表示 $t = 0$ 时的初始投资率。

【注】该结果的经济意义：为使生产能力和需求在不同时间保持平衡，投资流量比率 $I(t)$ 必须在时间 $t = 0$ 的 $I(0)$，沿着以指数为 ρs 的路径增长至 $|I(t)| = I(0)e^{\rho st}$。投资增长路径完全由能力—资本比率 ρ 和边际储蓄倾向 s 所决定；若要求投资增长率越高，能力

一资本比率和边际储蓄倾向相应的越大。

第三节　微分（差分）方程与动态经济学

一、微分方程与动态经济学

在上节多马模型中，已经涉及简单的微分方程，利用积分方法可以求解。对于更复杂的微分形式，只能借助于微分方程的基本理论和方法来解决。微分方程几乎与微积分的产生是同步的。1676 年，莱布尼兹在给牛顿的一封信中，第一次提出微分方程一词。他最早获得分离变量法求解微分方程；1691 年，他解出了一般齐次方程。1690 年，雅各布·伯努利发表了关于等时问题的解法，并提出悬链线问题呢；1691 年他的弟弟约翰·伯努利和莱布尼兹都利用微积分方法解决了这一问题。1694 年约翰·伯努利对分离变量法和齐次方程求解作了完整的说明。同年，莱布尼兹求解了线性一阶常微分方程。1695 年，雅各布·伯努利提出了求解伯努利方程的问题；1696 年，莱布尼兹、雅各布·伯努利和约翰·伯努利分别给出了解答。莱布尼兹和约翰·伯努利在 1694 年引进的正交轨迹问题，在 1698 年已经得到一些解法，但未公开；直到 1715 年，莱布尼兹向牛顿挑战，牛顿在造币厂劳累一天回来后，利用睡觉前时间解出了这一问题。牛顿方法利用了二阶常微分方程。欧拉在 1734 年至 1735 年的论文中给出了一阶恰当方程的条件，克莱洛（Clairaut，1713—1765）在 1739 年也独立提出。至此，求解一阶微分方程的所有初等解法在 1740 年都已弄清楚了。现代意义的常微分方程含义也在 1740 年提出。克莱洛在 1734 年处理了克莱洛方程，他和欧拉对奇解作了完整的探讨；拉普拉斯和拉格朗日作了进一步的研究，直到 1872 年，奇解的完整理论由凯莱和达布搞成初代的形式。

1691 年雅各布·伯努利研究了问题引出了一个二阶微分方程。泰勒在研究弹性振动弦问题时，利用他建立的泰勒公式求解二阶微分方程。1728 年，欧拉开始考虑二阶微分方程，并在 1740 年引进了指数函数的变换，开始了二阶微分方程的系统研究。黎卡提方程是黎卡提（Riccati，1676—1754）在 1724 年引进的，其特殊形式莱布尼兹在 1685 年已经提出解法。该方程可用来求解二阶常微分方程和把二阶方程化到一阶方程的思想。但直到 1841 年刘维尔才证明黎卡提方程的解不能通过初等函数的积分表示。

高阶微分方程早在 1734 年丹尼尔·伯努利给欧拉的信中，提到他解决的一个弹性横梁的横向位移问题中，他得到了四阶微分方程。弹性问题促使欧拉考虑求解常系数一般线性微分方程的问题。1743 年，欧拉已完整解决了常系数线性微分齐次方程。1750 年，欧拉讨论了非齐次的 n 阶线性常微分方程。拉格朗日推广了欧拉的一些结果。级数法求解微分方程始于牛顿和莱布尼兹，但欧拉在 1750 年左右把级数方法提高到了重要的位置。微分方程组的问题主要出现在讨论天文学的问题。拉格朗日和拉普拉斯取得一定的成就。

【例 1】（微观动态稳定均衡市场模型）

已知某商品的需求函数 $Q_d(P)$ 与供给函数 $Q_s(P)$ 如下

$$Q_d = \alpha - \beta P, (\alpha, \beta > 0)$$

$$Q_s = -\gamma + \delta P, (\gamma, \delta > 0)$$

其中P表示商品价格。价格P的变化由市场供给和需求的相对强度决定,假定在某一时刻价格对时间的变化率为在该时刻存在的超额需求的比例,即

$$\frac{\mathrm{d}P}{\mathrm{d}t} = j(Q_d - Q_s), (j > 0)$$

其中j表示不变调整常数。根据供需理论,市场出清的($Q_d = Q_s$)均衡价格P^*为

$$P^* = \frac{\alpha + \gamma}{\beta + \delta}$$

若初始价格$P(0)$恰好处于均衡价格P^*水平,市场就处于均衡状态。若$P(0) \neq P^*$,市场需要经过调整过程才能达到。于是,出现了一个问题:给定调整过程所需要的充分时间,市场能够将价格调整到均衡价格水平P^*吗?换句话说,当时间$t \to \infty$时,价格的时间路径$P(t)$是否趋于收敛于P^*?

解:根据已知,有

$$\frac{\mathrm{d}P}{\mathrm{d}t} = j(Q_d - Q_s) = j(\alpha - \beta P + \gamma - \delta P) = j(\alpha + \gamma) - j(\beta + \delta)P$$

变形为

$$\frac{\mathrm{d}P}{\mathrm{d}t} + j(\beta + \delta)P = j(\alpha + \gamma)$$

这是一个非齐次线性微分方程,形如

$$\frac{\mathrm{d}y}{\mathrm{d}t} + ay = b, (a, b \text{ 为常数})$$

其通解为

$$y(t) = \left[y(0) - \frac{b}{a}\right]e^{-at} + \frac{b}{a}, (a \neq 0)$$

其中$y(0)$表示$t = 0$时的初始条件。

因此,解得价格的时间路径$P(t)$为

$$P(t) = \left[P(0) - \frac{\alpha + \gamma}{\beta + \delta}\right]e^{-j(\beta+\delta)t} + \frac{\alpha + \gamma}{\beta + \delta}$$
$$= [P(0) - P^*]e^{-j(\beta+\delta)t} + P^*$$

当$t \to \infty$时,有$e^{-j(\beta+\delta)t} \to 0$。故$P(t) \to P^*$。

称这种均衡P^*为动态稳定均衡。

【例2】(索洛增长模型)

索洛增长模型是罗伯特·索洛教授在1956年发表于《经济学季刊》的"对经济增长理论的贡献"一文中提出。该模型的贡献之一是证明了多马模型的刀锋增长路径是对生产函数的特殊假设下的模型结果。在多马模型中,生产函数$\mathrm{d}\kappa = \rho \mathrm{d}K$表达式中没有劳动投入,即多马模型只分析了劳动与资本按固定比例组合的生产函数类型。而索洛模型研究了资本和劳动按可变比例组合的情况。

设生产函数f为

$$Q = f(K, L), (K, L > 0)$$

其中,Q:表示产出量(不含折扣);

K:表示资本;

L:表示劳动。

假设生产函数的边际产量为正(即:$f_K, f_L > 0$);每种投入的边际收益递减(即:$f_{KK}, f_{LL} < 0$)。再假设生产函数f为线性齐次函数,则

$$Q = f(K,L) = Lf\left(\frac{K}{L},1\right) = L\varphi(k)$$

其中$k \equiv \frac{K}{L}$。可以证明,仅含一个变量$k \equiv \frac{K}{L}$的函数$\varphi(k)$具有一阶导数为正,二阶导数为负的特征。由$f_K > 0$,有

$$f_K \equiv \frac{\partial Q}{\partial K} = \frac{\partial}{\partial K}[L\varphi(k)] = L\frac{\mathrm{d}\varphi(k)}{\mathrm{d}k}\frac{\partial k}{\partial K} = L\frac{\mathrm{d}\varphi(k)}{\mathrm{d}k}\frac{\partial}{\partial K}\left(\frac{K}{L}\right) = \varphi'(k) > 0$$

又由$f_{KK} < 0$,有

$$f_{KK} = \frac{\partial}{\partial K}[\varphi'(k)] = \frac{\mathrm{d}\varphi'(k)}{\mathrm{d}k}\frac{\partial k}{\partial K} = \varphi''(k)\frac{1}{L} < 0$$

索洛增长模型的基本假设:

(1) 生产函数f为满足上述性质的线性齐次函数,即

$$Q = f(K,L) = Lf\left(\frac{K}{L},1\right) = L\varphi(k)$$

(2) 资本K以产量Q的固定比例进行投资,即

$$\dot{K} \equiv \frac{\mathrm{d}K}{\mathrm{d}t} = sQ$$

其中s表示不变边际储蓄倾向。

(3) 劳动L呈指数增长,即

$$\dot{L} \equiv \frac{\mathrm{d}L}{\mathrm{d}t} = \lambda L,(\lambda > 0)$$

其中λ表示不变劳动增长率。

根据上述假设(1)(2)假设,有

$$\dot{K} = sQ = sL\varphi(k)$$

又由$k \equiv \frac{K}{L}$,有$K = Lk$,两边微分和假设(3)可得

$$\dot{K} = L\dot{k} + k\dot{L} = L\dot{k} + k\lambda L$$

有

$$\dot{K} = sL\varphi(k) = L\dot{k} + k\lambda L$$

整理得,索洛增长模型的基本方程为

$$\dot{k} = s\varphi(k) - \lambda k$$

这是以k为变量,s,λ为参数的一阶非线性微分方程。

(4) 若再假设生产函数为线性柯布—道格拉斯生产函数,即

$$Q = f(K,L) = K^{\alpha}L^{1-\alpha} = L\left(\frac{K}{L}\right)^{\alpha} = Lk^{\alpha}$$

试求:索洛增长模型的解。

解:此时 $\varphi(k) = k^{\alpha}$,索洛增长模型的基本方程变形为

$$\dot{k} = sk^{\alpha} - \lambda k$$

即

$$\dot{k} + \lambda k = sk^{\alpha}$$

这是一个称为伯努利方程的微分方程。伯努利方程形如

$$\frac{\mathrm{d}y}{\mathrm{d}t} + R(t)y = T(t)y^{m}, (m \neq 0,1)$$

令 $z = y^{1-m}$,可将伯努利方程转化为线性微分方程

$$\mathrm{d}z + [(1-m)Rz - (1-m)T]\mathrm{d}t = 0$$

或
$$\frac{\mathrm{d}z}{\mathrm{d}t} + (1-m)Rz = (1-m)T$$

此题中,令 $z = k^{1-\alpha}$,原方程化简为

$$\mathrm{d}z + [(1-\alpha)\lambda z - (1-\alpha)s]dt = 0$$

或
$$\frac{\mathrm{d}z}{\mathrm{d}t} + (1-\alpha)\lambda z = (1-\alpha)s$$

解得

$$z(t) = \left[z(0) - \frac{s}{\lambda}\right]e^{-(1-\alpha)\lambda t} + \frac{s}{\lambda}$$

由 $z = k^{1-\alpha}$,得资本劳动比率 $k \equiv \dfrac{K}{L}$ 的时间路径为

$$k^{1-\alpha} = \left[k(0)^{1-\alpha} - \frac{s}{\lambda}\right]e^{-(1-\alpha)\lambda t} + \frac{s}{\lambda}$$

其中 $k(0)$ 表示资本劳动比率 $k \equiv \dfrac{K}{L}$ 的初始值。

当时间 $t \to \infty$时,有 $e^{-(1-\alpha)\lambda t} \to 0$,则 $k^{1-\alpha} \to \dfrac{s}{\lambda}$。故

$$k \to \left(\frac{s}{\lambda}\right)^{\frac{1}{1-\alpha}}, (t \to \infty)$$

即资本劳动比率 $k \equiv \dfrac{K}{L}$ 趋近于动态稳定均衡,是一个常数$\left(\dfrac{s}{\lambda}\right)^{\frac{1}{1-\alpha}}$,该常数与边际储蓄倾向 s 成正比,与劳动增长率 λ 成反比。

下面先简单介绍高阶微分方程的解法。常系数 n 阶线性微分方程的形式如下:

$$\frac{\mathrm{d}^{n}y}{\mathrm{d}t^{n}} + a_{1}\frac{\mathrm{d}^{n-1}y}{\mathrm{d}t^{n-1}} + \cdots + a_{n-1}\frac{\mathrm{d}y}{\mathrm{d}t} + a_{n}y = b$$

或

$$y^{(n)}(t) + a_{1}y^{(n-1)}(t) + \cdots + a_{n-1}y'(t) + a_{n}y = b$$

这里只给出最简单的一类具有常系数和常数项的二阶线性非齐次微分方程的解。其形式为

$$y''(t) + a_1 y'(t) + a_2 y = b$$

其中，a_1, a_2, b 均为常数。

$$y''(t) + a_1 y'(t) + a_2 y = 0$$

称为对应的齐次方程。齐次方程的通解称为余函数。

$$r^2 + a_1 r + a_2 = 0$$

称为齐次方程对应的特征方程，其解为特征根 r_1, r_2，即

$$r_1, r_2 = \frac{-a_1 \pm \sqrt{a_1^2 - 4a_2}}{2}$$

根据微分方程理论，上述齐次方程的解分为三种情况：

(1) 当 $a_1^2 > 4a_2$ 时，特征方程有两个不同的实根 r_1, r_2。则齐次方程的通解（余函数）为

$$y_c = A_1 e^{r_1 t} + A_2 e^{r_2 t}, (r_1 \neq r_2)$$

其中，A_1, A_2 为待定常数，由初始条件确定。

(2) 当 $a_1^2 = 4a_2$ 时，特征方程有两个相等的实根 $r = r_1 = r_2 = -\frac{a_1}{2}$。则齐次方程的通解（余函数）为

$$y_c = A_1 e^{rt} + A_2 t e^{rt}, (r = r_1 = r_2)$$

其中，A_1, A_2 为待定常数，由初始条件确定。

(3) 当 $a_1^2 < 4a_2$ 时，特征方程有一对共轭复根

$$r_1, r_2 = h \pm vi = -\frac{1}{2}a_1 \pm \frac{1}{2}\sqrt{4a_2 - a_1^2}$$

则齐次方程的通解（余函数）为

$$y_c = e^{ht}(A_1 e^{vit} + A_2 e^{-vit}) = e^{ht}(A_3 \cos vt + A_4 \sin vt)$$

其中，A_1, A_2, A_3, A_4 为待定常数，由初始条件确定。

原来的方程的特解为

$$y_p = \frac{b}{a_2}, (a_2 \neq 0)$$

故二阶线性非齐次微分方程的通解为

$$y(t) = y_c + y_p = y_c + \frac{b}{a_2}$$

【例3】（具有价格预期的动态市场模型）

在前面的动态市场模型中，供给函数和需求函数都是以现期价格确定的。但在现实中，买卖双方的市场行为不仅建立在现期价格的基础上，而且建立在当时价格趋势的预期基础上。在连续时间情况下，价格趋势的基本信息可以由价格的一阶和二阶导数度量（价格的一阶导数 $P'(t)$ 测度价格是否上升，二阶导数度量价格是否以递增速率上升）。现在考察一个简化的模型。

假设只有需求函数含有价格预期因素，设需求函数为

$$Q_d = \alpha - \beta P + mP' + nP'', (\alpha, \beta > 0)$$

供给函数为

$$Q_s = -\gamma + \delta P, (\gamma, \delta > 0)$$

其中 $\alpha, \beta, m, n, \gamma, \delta$ 为参数。再假定在每一时点，市场均是出清的，即

$$Q_s = Q_d$$

试求：价格的时间路径？

解：根据模型已知，整理化简为

$$P'' + \frac{m}{n}P' - \frac{\beta + \delta}{n}P = -\frac{\alpha + \gamma}{n}$$

对应于标准微分方程

$$y''(t) + a_1 y'(t) + a_2 y = b$$

$$y = P, a_1 = \frac{m}{n}, a_2 = -\frac{\beta + \delta}{n}, b = -\frac{\alpha + \gamma}{n}$$

其特解为

$$y_p = P_p = \frac{b}{a_2} = \frac{\alpha + \gamma}{\beta + \delta}$$

对应的齐次方程的通解分为三种情况：

(1) 当$\left(\frac{m}{n}\right)^2 > -4\left(\frac{\beta + \delta}{n}\right)$，余函数为

$$P_c = A_1 e^{r_1 t} + A_2 e^{r_2 t}$$

其中

$$r_1, r_2 = \frac{1}{2}\left[-\frac{m}{n} \pm \sqrt{\left(\frac{m}{n}\right)^2 + 4\left(\frac{\beta + \delta}{n}\right)}\right]$$

原模型的通解为

$$P(t) = P_c + P_p = A_1 e^{r_1 t} + A_2 e^{r_2 t} + \frac{\alpha + \gamma}{\beta + \delta}$$

(2) 当$\left(\frac{m}{n}\right)^2 = -4\left(\frac{\beta + \delta}{n}\right)$，余函数为

$$P_c = A_1 e^{rt} + A_2 t e^{rt}$$

其中

$$r = -\frac{m}{2n}$$

原模型的通解为

$$P(t) = P_c + P_p = A_1 e^{rt} + A_2 t e^{rt} + \frac{\alpha + \gamma}{\beta + \delta}$$

(3) 当$\left(\frac{m}{n}\right)^2 < -4\left(\frac{\beta + \delta}{n}\right)$，余函数为

$$P_c = e^{ht}(A_1 e^{vit} + A_2 e^{-vit}) = e^{ht}(A_3 \cos vt + A_4 \sin vt)$$

其中

$$h=-\frac{m}{2n},v=\frac{1}{2}\sqrt{-4\left(\frac{\beta+\delta}{n}\right)-\left(\frac{m}{n}\right)^2}$$

原模型的通解为

$$P(t)=P_c+P_p=e^{ht}(A_3\cos vt+A_4\sin vt)+\frac{\alpha+\gamma}{\beta+\delta}$$

【练习】1. 已知需求函数与供给函数分别为

$$\begin{cases}Q_d=42-4P-4P'+P''\\Q_s=-6+8P\end{cases}$$

初始条件为 $P(0)=6,P'(0)=4$。假定在每一时点市场均是出清的。

求:时间路径 $P(t)$。

2. 已知需求函数与供给函数分别为

$$\begin{cases}Q_d=40-2P-2P'-P''\\Q_s=-5+3P\end{cases}$$

初始条件为 $P(0)=12,P'(0)=1$。假定在每一时点市场均是出清的。

求:时间路径 $P(t)$。

【例4】(通货膨胀与失业问题的菲利普斯关系模型)

菲利普斯关系是指经济学家 A. 菲利普斯发表在1958年11月《经济学》杂志上的一篇关于"1861—1957年英国的失业与货币工资变化率间的关系"的论文中阐述的,货币工资率与失业率之间具有负的经验关系。在随后的应用中,将菲利普斯关系调整为通货膨胀率与失业率之间的关系。米尔顿·弗里德曼在1968年3月《美国经济评论》中"货币政策的作用"一文中,把通货膨胀预期也纳入模型,因为若膨胀性趋向在相当长时期内存在,人们会形成一定的通货膨胀预期,并将预期纳入货币工资的需求之中。为此,通货膨胀率与失业率的关系表为

$$p=\alpha-T-\beta U+h\pi,(\alpha,\beta>0,0<h\leqslant 1)$$

其中,p:表示通货膨胀率;

U:表示失业率;

π:表示预期的通货膨胀率。

通货膨胀预期的具体形成,采用适应性预期假设为

$$\frac{\mathrm{d}\pi}{\mathrm{d}t}=j(p-\pi),(0<j\leqslant 1)$$

其中,α,β,h,j 是模型的参数。

最后,考虑通货膨胀对失业的反馈效果,仅考虑通过货币政策传递的反馈。即实际货币增长率与失业的关系。假定

$$\frac{\mathrm{d}U}{\mathrm{d}t}=-k(m-p),(k>0)$$

其中,$m\equiv\frac{\dot{M}}{M}$,M 表示名义货币余额;$m-p$ 表示实际货币增长率。

以上三个关系构成通货膨胀率与失业率关系的包含三个变量(p,π 和 U) 的模型。试分别求这三个变量的时间路径。

解:由前两个假设得

$$\frac{\mathrm{d}\pi}{\mathrm{d}t} = j(\alpha - T - \beta U) - j(1-h)\pi$$

为了利用第三个关于$\frac{\mathrm{d}U}{\mathrm{d}t}$的假设,把上式对 t 微分,得

$$\frac{\mathrm{d}^2\pi}{\mathrm{d}t^2} = -j\beta\frac{\mathrm{d}U}{\mathrm{d}t} - j(1-h)\frac{\mathrm{d}\pi}{\mathrm{d}t}$$

把第三个假设代入上式,则整理变形为

$$\frac{\mathrm{d}^2\pi}{\mathrm{d}t^2} + [\beta k + j(1-h)]\frac{\mathrm{d}\pi}{\mathrm{d}t} + (j\beta k)\pi = j\beta km$$

这是一个二阶线性非齐次微分方程,其特解为

$$\pi_p = \frac{b}{a_2} = m$$

余函数 π_c 根据系数情况存在三种可能性。由此,可以求出通货膨胀预期 π 的时间路径为:

$$\pi(t) = \pi_c + \pi_p$$

其余两个变量的时间路径,一是可以通过已经求出的 $\pi(t)$ 求出;二是可以类似求 $\pi(t)$ 的方法求出。

【例5】在上述模型中,已知

$$\begin{cases} p = \frac{1}{6} - 3U + \pi \\ \frac{\mathrm{d}\pi}{\mathrm{d}t} = \frac{3}{4}(p - \pi) \\ \frac{\mathrm{d}U}{\mathrm{d}t} = -\frac{1}{2}(m - p) \end{cases}$$

试分别求出通货膨胀率 p,失业率 U 和预期通货膨胀率 π 的时间路径?

解:根据前面讨论,可以解得预期通货膨胀率 π 的通解为

$$\pi(t) = e^{-\frac{3t}{4}}(A_3\cos\frac{3}{4}t + A_4\sin\frac{3}{4}t) + m$$

这是一个围绕均衡值 m 衰减波动的时间路径。由已知

$$\frac{\mathrm{d}\pi}{\mathrm{d}t} = \frac{3}{4}(p - \pi) \Rightarrow p = \frac{4}{3}\frac{\mathrm{d}\pi}{\mathrm{d}t} + \pi$$

$$\frac{\mathrm{d}\pi}{\mathrm{d}t} = -\frac{3}{4}e^{-\frac{3t}{4}}(A_3\cos\frac{3}{4}t + A_4\sin\frac{3}{4}t) + e^{-\frac{3t}{4}}(-\frac{3}{4}A_3\sin\frac{3}{4}t + \frac{3}{4}A_4\cos\frac{3}{4}t)$$

故通货膨胀率 p 的时间路径为

$$p(t) = e^{-\frac{3t}{4}}(A_4\cos\frac{3}{4}t - A_3\sin\frac{3}{4}t) + m$$

由已知

$$p = \frac{1}{6} - 3U + \pi \Rightarrow U = \frac{1}{3}(\pi - p) + \frac{1}{18}$$

得失业率 U 的时间路径为

$$U(t) = \frac{1}{3}e^{-\frac{3t}{4}}\left[(A_3 - A_4)\cos\frac{3}{4}t + (A_3 + A_4)\sin\frac{3}{4}t\right] + \frac{1}{18}$$

二、差分方程与动态经济学

对于差分方程在经济分析中的应用,一个基本例子是著名的蛛网模型。

【例 6】(蛛网模型)

在现实生产中,生产者对某产品的产出决策往往是生产者在时期 $t-1$ 时,根据当时的市场价格 P_{t-1} 作出的。等产品生产出来,在时期 t 进行销售,这时该产品的市场价格为 P_t。这时,供给函数将出现一个"滞后" 的价格。供给函数 Q_{st} 和需求函数 Q_{dt} 为

$$\begin{cases} Q_{st} = S(P_{t-1}) \\ Q_{dt} = D(P_t) \end{cases}$$

这就是一个动态价格模式。

现在假定一个市场模型的供给函数 Q_{st} 和需求函数 Q_{dt} 都是线性形式,且假定每一时期的市场价格均处于市场出清时的价格水平。具体如下

$$\begin{cases} Q_{dt} = Q_{st} \\ Q_{st} = S(P_{t-1}) = -\gamma + \delta P_{t-1},(\gamma,\delta > 0) \\ Q_{dt} = D(P_t) = \alpha - \beta P_t,(\alpha,\beta > 0) \end{cases}$$

试求:价格的时间路径?

解:根据模型已知条件,得

$$\alpha - \beta P_t = -\gamma + \delta P_{t-1}$$

化简得

$$P_t + \frac{\delta}{\beta}P_{t-1} = \frac{\alpha + \gamma}{\beta}$$

这是一个一阶差分方程,形如

$$y_{t+1} + ay_t = c$$

其中 a,c 为常数。其通解为

$$y_t = \begin{cases} \left(y_0 - \dfrac{c}{1+a}\right)(-a)^t + \dfrac{c}{1+a} & (a \neq -1) \\ y_0 + at & (a = -1) \end{cases}$$

为此,将市场模型的原差分方程的时间向前移动一期,即

$$P_{t+1} + \frac{\delta}{\beta}P_t = \frac{\alpha + \gamma}{\beta}$$

由于 $\dfrac{\delta}{\beta} \neq -1$,故其解价格的时间路径为

$$P_t = \left(P_0 - \frac{\alpha+\gamma}{\beta+\delta}\right)\left(-\frac{\delta}{\beta}\right)^t + \frac{\alpha+\gamma}{\beta+\delta}$$

其中 P_0 表示初始价格条件。而 $P^* = \dfrac{\alpha+\gamma}{\beta+\delta}$ 是模型的瞬时均衡价格。

【例 7】(具有存货的市场模型)

上面的模型是假定价格都是以出清每一期产出来确定的。但在现实中普遍存在保持有存货。该模型假设:

(1) 在时期 t 时,需求量 Q_{dt} 和现期产出量 Q_{st} 均是价格 P_t 的非滞后线性函数。

(2) 价格调整不是通过每期市场出清确定,而是根据卖方自己的定价过程实现:在每期初,卖方考虑到存货的状况为改该期确定一个价格。若上期价格使存货积累更多,则当期确定一个较低的价格;反之亦然。

(3) 每期的价格调整与存货的变化呈反比。根据假设,具体表示如下

$$\begin{cases} Q_{dt} = D(P_t) = \alpha - \beta P_t(\alpha,\beta > 0) \\ Q_{st} = S(P_{t-1}) = -\gamma + \delta P_t(\gamma,\delta > 0) \\ P_{t+1} = P_t - \sigma(Q_{st} - Q_{dt})(\sigma > 0) \end{cases}$$

其中,σ 表示存货($Q_{st} - Q_{dt}$)引起的价格调整系数。

试求:价格的时间路径。

解:根据模型已知,整理得

$$P_{t+1} - [1 - \sigma(\beta+\delta)]P_t = \sigma(\alpha+\gamma)$$

根据差分方程解,得价格的时间路径为

$$P_t = \left(P_0 - \frac{\alpha+\gamma}{\beta+\delta}\right)[1 - \sigma(\beta+\delta)]^t + \frac{\alpha+\gamma}{\beta+\delta}$$

【练习】已知需求函数和供给函数如下

(1) $\begin{cases} Q_{dt} = Q_{st} \\ Q_{st} = -3 + 4P_{t-1} \\ Q_{dt} = 18 - 3P_t \end{cases}$ (2) $\begin{cases} Q_{dt} = Q_{st} \\ Q_{st} = -5 + 6P_{t-1} \\ Q_{dt} = 19 - 6P_t \end{cases}$

试求:价格的时间路径。

第六章　现代最优化经济理论

在前面几章，我们研究了静态学、比较静态学、动态经济学整个的分析体系。在静态均衡分析中，利用微积分的基本理论，研究了无约束最优化理论和具有等式条件的最优化理论。但在现实生活中，大量存在约束条件是不等式的时候。若解决不等式约束条件下的最优化理论，需要利用20世纪上半叶发展起来的数学规划理论。下面将介绍线性规划、整体规划和非线性规划方法在不等式约束条件下的静态最优化理论方面的应用。而数学规划中的动态规划理论可以应用于动态最优化理论。

第一节　数学规划与具有不等式约束条件下的现代优化理论

数学规划是运筹学的一个主要分支。运筹学是研究各种广义资源的运用、筹划以及相关决策等问题的一门新兴学科。早在1909年，丹麦电气工程师厄朗(Erlang)发表了关于排队论的第一篇论文。1916年英国工程师兰切斯特(Lanchester)对几架飞机对几架飞机的战斗结果的分析，以探索兵力的比率和损害量之间是否具有某种法则的存在，从而得到兰切斯特法则。这是运筹学的一些孤立结果。直到二战初期，英美为对付德国的空中力量威胁，1935年，在英国鲍德西(Bawdsey)成立了关于作战控制技术的研究机构;1938年，这个科研小组的负责人罗维(Rowe)开始使用运筹学(Operational Research)这一名词。1959年国际运筹学会联合会(IFORS)成立，标志着运筹学成为一门学科。现在，运筹学已经广泛应用于工商企业、军事部门、民政事业等的统筹协调问题。

数学规划是研究在一些约束条件下，求目标函数在一定意义下的极值问题。若目标函数与约束条件都是线性的，称为线性规划问题;若规划问题中的一些变量限制只取整数值，则称为整数规划问题;若目标函数或约束条件中出现非线性函数，则称为非线性规划。

一、线性规划

线性规划是数学规划中比较简单的一种规划问题，其目标函数和约束条件均是线性的。线性规划的标准形式为：

$$\max z = \sum_{j=1}^{n} c_j x_j$$

$$s.t.\begin{cases}\sum_{j=1}^{n} a_{ij}x_j = b_i & (i = 1,2,\cdots,m)\\ x_j \geqslant 0 & (j = 1,2,\cdots,n)\end{cases}$$

对于非标准形式的线性规划问题,可以化为标准形式。

【例 1】(产品组合问题) 现某企业有三条生产线来生产两种新产品。主要数据如表 6 - 1 所示。请问,如何生产使得企业(每周) 获得最大利润?

表 6 - 1 产品组合问题数据表

生产线	生产每批产品所需时间(小时)		每周可用时间(小时)
	产品一	产品二	
1	1	0	4
2	0	2	12
3	3	2	18
每批产品利润(千元)	3	5	

分析:根据已知,在产品组合问题中,

决策变量:x_1, x_2 分别表示每周生产产品一、二的产量;

目标函数:每周的生产利润 $z = 3x_1 + 5x_2$ 最大;

约束条件:每周产品的生产受到三条生产线的生产时间的约束。

其数学模型为:

$$\max z = 3x_1 + 5x_2$$

$$s.t.\begin{cases}x_1 \leqslant 4\\ 2x_2 \leqslant 12\\ 3x_1 + 2x_2 \leqslant 18\\ x_1 \geqslant 0, x_2 \geqslant 0\end{cases}$$

解:首先把该问题转换为标准化,引入松弛变量 x_3, x_4, x_5,使得

$$\max z = 3x_1 + 5x_2 + 0x_3 + 0x_4 + 0x_5$$

$$s.t.\begin{cases}x_1 + x_3 = 4\\ 2x_2 + x_4 = 12\\ 3x_1 + 2x_2 + x_5 = 18\\ x_j \geqslant 0, (j = 1,2,\cdots,5)\end{cases}$$

由此,约束方程组的系数矩阵为

$$A = \begin{bmatrix}1 & 0 & 1 & 0 & 0\\ 0 & 2 & 0 & 1 & 0\\ 3 & 2 & 0 & 0 & 1\end{bmatrix}$$

显见其秩不大于 3,而

$$(p_3,p_4,p_5)=\begin{bmatrix}1&0&0\\0&1&0\\0&0&1\end{bmatrix}$$

得基解为

$$x=(0,0,4,12,18)$$

该线性规划的求解,可以借助于图解法或单纯形法。单纯形法是由美国数学家丹齐克(Dantzig) 于 1947 年提出来的。

【例 2】(多工厂组合模型)

一家企业有两个工厂 A 和 B,每个工厂生产两种同样产品,其中一种是普通的,一种是精制的。普通产品每件盈利 10 元,精制产品每件盈利 15 元。两厂采用相同的加工工艺(研磨和抛光)。A 厂每周的研磨能力为 80 小时,抛光能力为 60 小时;B 厂每周的研磨能力为 60 小时,抛光能力为 75 小时。两厂生产各类单位产品所需的研磨和抛光工时如下表所示。假定每件产品都消耗 4 千克原材料,该公司每周可获得原材料 120 千克。问应该如何制订生产计划?多工厂组合模型生产数据见表 6 - 2。

表 6 - 2　　多工厂组合模型生产数据(小时)

工厂	A		B	
产品	普通	精制	普通	精制
研磨	4	2	5	3
抛光	2	5	5	6

解:先假定每周分配给 A 厂 75 千克原料,B 厂 45 千克原料。x_1,x_2 分别表示 A 厂生产普通、精制产品产量;x_3,x_4 分别表示 B 厂生产普通、精制产品产量。则 A 厂模型为

$$\max z=10x_1+15x_2$$

$$s.t.\begin{cases}4x_1+4x_2\leqslant 75\\4x_1+2x_2\leqslant 80\\2x_1+5x_2\leqslant 60\\x_1\geqslant 0,x_2\geqslant 0\end{cases}$$

B 厂模型为

$$\max z=10x_3+15x_4$$

$$s.t.\begin{cases}4x_3+4x_4\leqslant 45\\5x_3+3x_4\leqslant 60\\5x_3+6x_4\leqslant 75\\x_3\geqslant 0,x_4\geqslant 0\end{cases}$$

现在建立一个企业总的规划模型,则为

$$\max z=10x_1+15x_2+10x_3+15x_4$$

$$s.t.\begin{cases}4x_1+4x_2+4x_3+4x_4\leqslant 120\\4x_1+2x_2\leqslant 80\\2x_1+5x_2\leqslant 60\\5x_3+3x_4\leqslant 60\\5x_3+6x_4\leqslant 75\\x_j\geqslant 0,(j=1,2,3,4)\end{cases}$$

求解得，A厂模型的最优解为：$x_1=11.25$，$x_2=7.5$，利润为225元，剩余20小时研磨工时；B厂模型的最优解为：$x_3=11.25$，利润为168.75元，剩余26.25小时研磨工时和7.5小时抛光工时；企业总模型的最优解为：$x_1=9.17$，$x_2=8.33$，$x_4=12.5$，总利润为404.15元，A厂和B厂分别有26.67和22.5小时的剩余研磨工时。

二、整数规划

整数规划是指规划问题中的一些变量限制为只取整数值。若是线性规划模型，称为线性整数规划；若是非线性规划模型，称为非线性整数规划。根据变量取值的限制形式，整数规划又分为：纯整数规划、混合整数规划和0－1整数规划。

纯整数规划：指所有决策变量都取整数值。

混合整数规划：指部分决策变量取整数值。

0－1整数规划：整数变量只取0或1。

【例3】（选址决策模型）

一家企业打算对生产进行扩张，准备在甲地、乙地或者这两地建立新的工厂。但仓库至多只建立一个，仓库的位置随工厂地点而定。总资本可用量为10（百万元），其他数据资料如下表。试求总的净现值收益最大化的决策。选址决策模型数据见表6－3。

表6－3　选址决策模型数据（百万元）

决策序号	是或否	决策变量	净现值收益	资本需求
1	工厂在甲地	$x1$	9	6
2	工厂在乙地	$x2$	5	3
3	仓库在甲地	$x3$	6	5
4	仓库在乙地	$x4$	4	2

解：根据题意，决策模型为

$$\max z=cx=9x_1+5x_2+6x_3+4x_4$$

$$s.t.\begin{cases}6x_1+3x_2+5x_3+4x_4\leqslant 10\\x_3+x_4\leqslant 1\\-x_1+x_3\leqslant 0\\-x_2+x_4\leqslant 0\\x_j\text{ 是 }0-1\text{ 变量},(j=1,2,3,4)\end{cases}$$

【例4】(固定费用模型)

一服装企业生产三种服装(西服、衬衫和羽绒服),生产不同种类的服装需要租用不同的设备,设备租金和其他经济参数见下表。假定市场需求没有问题,服装厂每月可用人工工时为2000小时。试求每月利润最大化的生产安排。服装厂设备租金和其他经济参数见表6－4。

表6－4　　服装厂设备租金和其他经济参数

序号	服装种类	设备租金(元)	生产成本(元/件)	销售价格(元/件)	人工工时(小时/件)	设备工时(小时/件)	设备可用工时(小时)
1	西服	5000	280	400	5	3	300
2	衬衫	2000	30	40	1	0.5	300
3	羽绒服	3000	200	300	4	2	300

解:设两类决策变量,一类是决定是否租赁设备的决策变量 y_i,

$$y_i=\begin{cases}1,\text{表示租赁 }i\text{ 类设备}\\0,\text{表示不租赁 }i\text{ 类设备}\end{cases}$$

另一类是反映各类服装生产量的变量 $x_i>0$。模型为

$$\max z=120x_1+10x_2+100x_3-5000y_1-2000y_2-1000y_3$$

$$s.t.\begin{cases}5x_1+x_2+4x_3\leqslant 2000\\3x_1\leqslant 300y_1\\0.5x_2\leqslant 300y_2\\2x_3\leqslant 300y_3\\x_i\geqslant 0,\text{且为整数},(i=1,2,3)\\y_i=0,\text{或}1,(i=1,2,3)\end{cases}$$

三、非线性规划

非线性规划是指在规划模型中,目标函数或约束条件出现了非线性的情形。

【例5】某企业生产三种产品,单位成本分别为5元、12元和9元。设 $x_j,(j=1,2,3)$ 为产品 j 的月销售量(单位:千元);$p_j,(j=1,2,3)$ 为产品 j 的单位售价(元)。需求函数为

$$\begin{cases} x_1 = 18 - p_1 \\ x_2 = 9 + \dfrac{1}{3}p_1 - p_2 \\ x_3 = 13 - p_3 \end{cases}$$

生产过程的资源需求数据如表6－5所示。假定所有产品可完全销售。试求：生产利润最大化的生产决策。

表6－5　　生产过程资源需求数据（小时）

	产品1	产品2	产品3	每月可用量
机器时间	0.3	0.4	0.6	1500
劳工时间	0.4	1	0.7	2800

解：令 $x_j,(j=1,2,3)$ 表示产品的产量，z 表示生产利润，则模型为

$$\max z = 13x_1 - x_1^2 + 3x_2 - \frac{1}{3}x_1x_2 - x_2^2 + 4x_3 - x_3^2$$

$$s.t. \begin{cases} 3x_1 + 4x_2 + 6x_3 \leqslant 15 \\ 4x_1 + 10x_2 + 7x_3 \leqslant 28 \\ x_j \geqslant 0,(j=1,2,3) \end{cases}$$

第二节　动态最优化理论

数学规划能够处理不等式约束条件的最优化问题。但主要还是局限于解决静态最优化问题。静态最优化问题中的解通常是每个选择变量的单个最优解，如最优产出水平和最优价格等。但在现实中，常常需要解决这样的问题：在整个计划期间内的每个时期（离散时间情形）或在给定时间区间中的每一时刻（连续时间情形），需要求选择变量的最优解。这就是动态最优化问题。其解的形式为：对于每一个选择变量的一条最优时间路径，或者说是在整个计划期间的最优值。解决动态最优化问题目前主要有三种方法：变分法、动态规划和最优控制理论。而最优控制理论是变分法的推广。

一个简单的动态最优化问题包括的基本要素：

(1) 给定一个初始点和一个终结点；

(2) 从初始点到终结点之间存在一组允许路径；

(3) 表现指标（如成本、利润等）的一组路径值与各种路径相联系；

(4) 通过选择最优路径（或最大、小化路径值或表现指标）实现特定目标。

复杂的动态最优化问题的初始点和终结点是可变的。常见的类型，一类是终结点可变，分为固定终结时间终结状态自由、固定终结状态终结时间自由和终结时间与终结状态都自由三类；二类是初始点可变。

路径与路径值之间的关系是从路径(曲线)到表现指标(实数)的映射。这种映射不同于函数的概念,它的定义域元素是曲线(函数),值域是实数。概率论中的随机变量也属于这类概念。我们称定义域为一般集合,值域为数集的这种映射为泛函。设时间路径(函数)为 $y(t), t \in [0,T]$,路径值表示为时间路径(函数)的泛函,记为 $V[y(t)]$,或 $V[y]$,表示 V 是路径 y 的函数。一条路径特定时间 t_0 对应的值由 $y(t_0)$ 表示,路径的方向由一阶导数 $y'(t_0)$ 表示斜率进行刻画。若设函数 $F = F[t,y(t),y'(t)], t \in [0,T]$,其目标泛函

$$V[y] = \int_0^T F[t,y(t),y'(t)]\mathrm{d}t$$

表示为路径(函数)$y(t), t \in [0,T]$ 的路径值。一条最优路径就是最大化(或最小化)路径值 $V[y]$ 的路径 $y^*(t), t \in [0,T]$。

设有两个状态变量 $y(t), z(t), t \in [0,T]$,路径值表示为时间路径(函数)的泛函,记为 $V[y(t),z(t)]$,或 $V[y,z]$,表示 V 是路径 y 和 z 的函数。其目标泛函

$$V[y,z] = \int_0^T F[t,y(t),z(t),y'(t),z'(t)]\mathrm{d}t$$

【例1】(长期垄断企业最大利润模型)

设一个长期计划垄断企业的动态需求函数为 $Q_d = D(P,P')$,其中,$P' = \frac{\mathrm{d}P}{\mathrm{d}t}$,$P$ 为产品价格,$t \in [0,T]$ 为时间。企业存货不变,即动态需求和供给相等 $Q_d = Q_s$。由此企业产出 $Q = D(P,P')$。设总成本函数仅依赖于产出水平,为 $C \equiv C(Q) = C[D(P,P')]$;总收益函数为 $R \equiv R(P,P') = PQ$。则总利润函数为

$$\pi \equiv \pi(P,P') = R - C = R(P,P') - C[D(P,P')]$$

若需要求出在 T 年内的达到最大化总利润的价格路径 P,则目标泛函为

$$V[P] = \int_0^T \pi[P,P']\mathrm{d}t$$

若收益函数或成本函数都是随时间 t 的变化而变化的,求出在 T 年内的达到最大化总利润的价格路径 $P(t)$,则目标泛函为

$$V[P] = \int_0^T \pi[t,P(t),P'(t)]\mathrm{d}t$$

【例2】(社会福利测度模型)

已知生产函数 $Q = Q(K,L)$,其中 K 表示投入资本,L 表示投入劳动。假设没有折扣,则消费可表示为 $C = Q(K,L) - I = Q(K,L) - K'$,其中 $I \equiv K'$ 表示净投资。假定社会福利由消费的效用来度量,表示为 $U \equiv U(C) = U[Q(K,L) - K']$。所求的是在时期 $t \in [0,T]$ 上最大化总效用的 K, L 路径,则目标泛函为

$$V[y,z] = \int_0^T U[Q(K,L) - K']\mathrm{d}t$$

一、变分法

(一)变分法基本思想

变分法起源于微积分学的研究工作中。历史上第一个变分法的重要问题是由微积分

的奠基者牛顿提出并解决的。牛顿在他的《自然哲学的数学原理》第三版的命题 34 中的附注中,研究了在轴向以常速度运动而使运动阻力最小的旋转曲面必须具有的形状。在 1694 年给大卫·格雷高利(David Gregory)的一封信中给出了他的解法。牛顿问题的现代形式:选择适当的函数 $y(x)$,使得积分

$$J = \int_{x_1}^{x_2} \frac{y(x)\left[y'(x)\right]^3}{1+\left[y'(x)\right]^2}\mathrm{d}x$$

取最小值。其中 $y(x)$ 表示绕 x 轴旋转生成曲面的曲线。牛顿的方法几乎就是变分法的本质方法的一切,但却不是变分法的典型技巧。而直接推动变分法产生的是约翰·伯努利在 1696 年 6 月《教师学报》上提出的著名的"最速降线问题"。"最速降线问题"是指:求从一给定点 $P_1(x_1,y_1)$ 到不在它垂直下方的另一点 $P_2(x_2,y_2)$ 的一条曲线,使得一质点在重力作用下沿该曲线从给定点下滑所用时间最短。该问题的现代表述是:选择适当的函数 $y(x)$,使下降时间的积分 J 取最小值,即

$$J = \frac{1}{\sqrt{2g}}\int_{x_1}^{x_2}\sqrt{\frac{1+\left[y'(x)\right]^2}{y(x)-\alpha}}\mathrm{d}x$$

取最小值。其中,g 表示重力加速度;$\alpha = y_1 - \frac{v_1^2}{2g}$。这个问题早在 1630 年和 1638 年伽利略就曾系统地表述而给出了错误的答案(圆弧),正确的答案是连接两点 $P_1(x_1,y_1)$ 和 $P_2(x_2,y_2)$ 的上凹的唯一的旋轮线:母圆滚动的直线 l 必须在给定的下落初始点的上方正好在 $y=\alpha$ 的高度上,有且只有一条旋轮线通过这两点。牛顿、莱布尼兹、洛比达、约翰·伯努利和他的哥哥雅各布·伯努利都给出了正确答案。这里还有一个小故事:约翰·伯努利在 1696 年 6 月提出该问题,在半年内仍没有解决,在 1697 年 1 月,他再次发表著名的"公告",向当时"全世界最能干的数学家"挑战,实质上就是针对牛顿的。1 月 29 日,牛顿从造币厂下班回到寓所,收到法国来信转达的伯努利挑战,利用晚饭后的时间解决了,并匿名发表在《哲学汇刊》上,伯努利读后惊呼:"从这锋利的爪我认出了雄狮"。

变分法作为一个新的数学分支的诞生,却是在约翰·伯努利的学生,18 世纪最伟大的数学家欧拉。1728 年,约翰·伯努利向欧拉提议利用测地线密切平面与曲面正交这一性质,去解决曲面上的测地线的问题。这个问题使欧拉开始了变分法的研究。同年,欧拉解决了这一问题,1734 年,他推广了最速降线问题:使极小化的量不是时间,而是其他的量,并且考虑了阻尼介质。欧拉从雅各布·伯努利的解法化简,并应用于如下形式的积分:

$$J = \int_{x_1}^{x_2} f(x,y,y')\mathrm{d}x$$

欧拉成功地证明了:使积分 J 达到极大或极小值的函数 $y(x)$,必须满足常微分方程

$$f_y - \frac{\mathrm{d}}{\mathrm{d}x}(f_{y'}) = 0$$

其中,f_y,$f_{y'}$ 理解为被积函数 $f(x,y,y')$ 是自变量 x,y,y' 的函数。而$\frac{\mathrm{d}}{\mathrm{d}x}(f_{y'})$ 理解为 $f_{y'}$ 关于 x 的导数,其中 $f_{y'}$ 通过 x,y,y' 依赖于 x。欧拉微分方程等价于

$$f_y - f_{y'x} - f_{y'y}y' - f_{y'y'}y'' = 0$$

这是一个关于 $y(x)$ 的二阶常微分方程。1736 年他发表了这一著名的欧拉方程，迄今仍是变分法的基本微分方程。它是极大化或极小化函数必须满足的必要条件。随后，欧拉改进了他的方法，解决了一些更一般的问题。他把这些研究成果发表在1744 年出版的《求具有某种极大或极小性质的曲线的技巧》一书中。该书的出版，标志着变分法作为一门新的数学分支学科正式诞生了。同时，该书立即给欧拉带来了极大的声誉，把他看做是当时活着的最伟大的数学家。不过，欧拉的方法还是几何的，论证起来不仅复杂，而且几乎不能提供一个系统的一般方法。

变分法的纯分析方法是拉格朗日引进的。1750 年，欧拉的工作引起了年仅 19 岁的拉格朗日的兴趣。他放弃了伯努利兄弟和欧拉的几何 — 分析论证方法，引进纯分析的方法。1755 年，他对范围很广的一类问题得到了一个系统而统一的一般方法。拉格朗日在 1755 年 8 月给欧拉的一封信中，称这一方法为变分方法，欧拉在 1756 年提交给柏林科学院的一篇论文中把这一方法命名为“变分法”。拉格朗日把变分法应用于动力学上，利用最小作用原理和变分法的方法，拉格朗日得到了著名的拉格朗日运动方程。拉格朗日用最小作用原理对动力学规律的成功描述，启发人们把变分法应用于物理学的更多分支。泊松、哈密尔顿、雅可比和高斯等都作出贡献。哈密尔顿和雅可比的工作不仅推动了变分法的进一步研究，而且推动了常微分方程组和一阶偏微分方程组的进一步研究。

尽管变分法在18 世纪主要由欧拉和拉格朗日确立了，但他们都意识到欧拉微分方程仅是使积分 J 取得极大或极小应满足的必要条件。欧拉方程在变分法中的作用完全类似于微积分中函数 $y = f(x)$ 取极大或极小的必要条件 $f'(x) = 0$。在变分法中使积分 J 取得极大或极小的充分条件是什么呢?1782 年拉普拉斯解决没有成功。勒让德 1786 年着手解决，给出了变分法的第二个必要条件，1787 年他意识到这仍不是充分条件。关于使积分 J 取得极大或极小的充分条件的问题，在 18 世纪没有得到解决。直到 1837 年，雅可比发现了如何强化勒让德条件，使它可以提供充分条件。他引进了共轭的概念，并给出了变分法的第三个必要条件。雅可比的理论在随后的30 多年中，都没有得到更加严谨简明的论述。1872 年，分析学之父维尔斯特拉斯在柏林大学的讲义中，给变分法奠定了新的基础。他指出：以前所有建立的关于极大或极小判别准则（无论是欧拉的、勒让德的、还是雅可比的）都是有局限的。维尔斯特拉斯所指的就是克内泽尔（Kneser，1862—1930）称为的强变分，而克内泽尔把维尔斯特拉斯之前所求的称为弱变分。维尔斯特拉斯在1879 年证明了弱变分的三个条件：曲线是极值曲线（欧拉方程的解）、沿极值曲线 $f_{y'y'} > 0$（或 $f_{y'y'} < 0$）、任何与 P_1 共轭的点必定位于 P_2 点之外，这三个条件是极值曲线给出积分 J 一个极小值（或极大值）的充分条件。维尔斯特拉斯考虑强变分，提出了变分法的第四个必要条件。随后，又把注意力转向强变分的充分条件，引进了关于极值曲线族的场的概念。维尔斯特拉斯的理论由策梅罗在 1894 年的博士论文中阐述，最后在克内泽尔 1900 年的《变分法教程》中系统地得到发展。

1900 年希尔伯特提出了他的不变积分理论，这一理论大大简化了维尔斯特拉斯关于强变分的充分条件的证明。希尔伯特提出一个问题：是否可能确定函数 $p(x,y)$，使得积分

$$I = \int_{x_1}^{x_2} \{f(x,y,p) - (y' - p)f_y{}'(x,y,p)\}\mathrm{d}x$$

在(x,y)的区域中与积分路径无关?他发现,若$p(x,y)$满足条件,则微分方程

$$\frac{dy}{dx} = p(x,y)$$

的解是一个场的极值曲线;反之,若$p(x,y)$是场F的斜率函数,则在F中积分I与路径无关。从这一定理出发,希尔伯特很快就导出了维尔斯特拉斯关于强变分的充分条件。20世纪30年代以后,变分法在两个方向上有重大突破成为了当前的热门。一是30年代兴起的大范围变分法;二是50年代兴起的最优化理论,把变分法引进了经济学的研究中,埃文斯在1924年发表的关于垄断企业的经典埃文斯模型,就是变分法在经济学领域中的最早应用之一。

(二)变分法最优化一阶必要条件

变分法的基本问题形式为:

最大化或最小化目标泛函

$$V[y] = \int_0^T F[t,y(t),y'(t)]\mathrm{d}t$$

满足初始条件$y(0) = A$和终结条件$y(T) = Z$。其中,A、T、Z给定。

解答变分法问题的基本思路是:从一组允许路径(或轨迹)y中,选取一条路径y^*使得目标泛函$V[y]$达到极值。称这条光滑路径y^*为极值曲线。变分法的极值问题的求解是基于古典微积分理论,类似于微积分中的极值理论,使得目标泛函达到极值的一阶必要条件和二阶充分条件。

变分法中最基本的一阶条件是著名的欧拉方程。极值曲线的必要条件是,对于所有的$t \in [0,T]$,目标泛函的被积函数$F(t,y,y')$满足欧拉方程

$$F_y - \frac{\mathrm{d}}{\mathrm{d}t}(F_y') = 0$$

其展开的等价形式为

$$F_{y'y'}y''(t) + F_{yy'}y'(t) + F_{ty'} - F_y = 0$$

从这个展开形式可知,欧拉方程一般是一个二阶非线性偏微分方程,其通解包含两个任意常数,可以通过两个边界条件(初始和终结条件)确定常数。

【例3】求下列泛函的极值曲线

$$V[y] = \int_0^2 (12ty + y^2)\mathrm{d}t$$

具有边界条件$y(0) = 0, y(2) = 8$。

解:根据已知,$F = 12ty + y^2$,有

$$F_y = 12t, F_y' = 2y', F_{y'y'} = 2, F_{yy'} = F_{ty'} = 0$$

故欧拉方程为

$$2y''(t) - 12t = 0 \text{ 或 } y''(t) = 6t$$

由积分,得

$$y'(t) = 3t^2 + c_1$$
$$y''(t) = t^3 + c_1 t + c_2$$

其中，c_1,c_2 为任意常数。由初始条件 $y(0)=0$，得 $c_2=0$；由终结条件 $y(2)=8$，得 $c_1=0$。故所求极值曲线为

$$y''(t)=t^3$$

【练习】求出下列泛函的极值曲线

(1) $V[y]=\int_1^5[3t+(y')^{\frac{1}{2}}]\mathrm{d}t$，具有边界条件 $y(1)=3,y(5)=7$。

(2) $V[y]=\int_0^5(t+y^2+3y')\mathrm{d}t$，具有边界条件 $y(0)=0,y(5)=3$。

欧拉方程可以推广到多个状态变量和高阶的情况。下面只给出两个状态变量的情况。设目标泛函

$$V[y,z]=\int_0^T F[t,y(t),z(t),y'(t),z'(t)]\mathrm{d}t$$

极值曲线的必要条件是，对于所有的 $t\in[0,T]$，目标泛函的被积函数 $F(t,y,z,y',z')$ 满足欧拉方程组

$$\begin{cases}F_y-\dfrac{\mathrm{d}}{\mathrm{d}t}(F_y{}')=0\\ F_z-\dfrac{\mathrm{d}}{\mathrm{d}t}(F_z{}')=0\end{cases}$$

其展开的等价形式为

$$\begin{cases}F_{y'y'}y''(t)+F_{z'y'}z''(t)+F_{yy'}y'(t)+F_{zy'}z'(t)+F_{ty'}-F_y=0\\ F_{y'z'}y''(t)+F_{z'z'}z''(t)+F_{yz'}y'(t)+F_{zz'}z'(t)+F_{tz'}-F_z=0\end{cases}$$

【例4】求出下列泛函的极值曲线

$$V[y,z]=\int_0^T(y+z+y'^2+z'^2)\mathrm{d}t$$

满足边界条件 $\begin{cases}y(0)=A_1\\ z(0)=A_2\end{cases}$ 和终结条件 $\begin{cases}y(T)=Z_1\\ z(T)=Z_2\end{cases}$。

解：根据已知，被积函数 $F\equiv F(t,y,z,y',z')=y+z+y'^2+z'^2$，有

$$F_y=1,F_y{}'=2y',F_z=1,F_z{}'=2z'$$

则欧拉方程组为，

$$\begin{cases}1-2y''=0\\ 1-2z''=0\end{cases}$$

通过积分，求得

$$\begin{cases}y''(t)=\dfrac{1}{4}t^2+c_1t+c_2\\ z''(t)=\dfrac{1}{4}t^2+c_3t+c_4\end{cases}$$

根据边界条件

$$\begin{cases}y(0)=A_1\\ z(0)=A_2\end{cases}\text{和}\begin{cases}y(T)=Z_1\\ z(T)=Z_2\end{cases}$$

求出参数 c_1, c_2, c_3, c_4。

（三）变分法最优化理论在经济学动态优化中的应用

欧拉方程作为变分法中最基本的一阶条件，可以应用于经济学中的动态最优化问题。1924 年埃文斯（Evans）在《美国数学月刊》发表的“垄断的动态理论”一文中讨论了一个垄断企业的经典埃文斯模型，是变分法在经济学中最早的应用之一。

【例 5】（经典埃文斯模型）

设一垄断企业生产一种商品，其总成本函数是产出量 Q 的二次函数

$$C = \alpha Q^2 + \beta Q + \gamma, (\alpha, \beta, \gamma > 0)$$

在不考虑存货情况下，需求量 = 产出量 = Q。假设需求量 Q 依赖于价格 $P(t)$ 和价格的变化率 $P'(t)$：

$$Q = a - bP(t) + hP'(t), (a, b > 0, h \neq 0)$$

则企业的动态利润函数为

$$\begin{aligned}\pi(P, P') &= PQ - C \\ &= P[a - bP(t) + hP'(t)] - \{\alpha[a - bP(t) + hP'(t)]^2 + \beta[a - bP(t) \\ &\quad + hP'(t)] + \gamma\} \\ &= -b(1 + ab)P^2 + (a + 2\alpha ab + \beta b)P - ah^2P^2 - h(2\alpha a + \beta)P' \\ &\quad + h(1 + 2\alpha b)PP' - (\alpha a^2 + \beta a + \gamma)\end{aligned}$$

试求：垄断企业追求的目标是在一个有限时间区间 $[0, T]$ 内（时期短到足以保证需求和成本函数的假设成立，且可忽略折现因子），寻找价格 P 的一条最优路径，使得总利润 $\pi(P, P')$ 最大化（假设给定初始价格和终结价格分别为 P_0, P_T）。

解：依题意，垄断目标是最大化泛函

$$V[P] = \int_0^T \pi(P, P')\mathrm{d}t$$

满足边界条件 $\begin{cases} P(0) = P_0 \\ P(T) = P_T \end{cases}$。由动态利润函数有

$$\pi_P = \frac{\partial \pi(P, P')}{\partial P} = -2b(1 + ab)P + (a + 2\alpha ab + \beta b) + h(1 + 2\alpha b)P'$$

$$\pi_P{}' = \frac{\partial \pi(P, P')}{\partial P'} = -2ah^2P' - h(2\alpha a + \beta) + h(1 + 2\alpha b)P$$

$$\pi_{PP'} = \frac{\partial \pi_P{}'}{\partial P'} = h(1 + 2\alpha b)$$

$$\pi_{P'P'} = \frac{\partial \pi_P{}'}{\partial P'} = -2ah^2$$

$$\pi_{tP'} = 0$$

于是，欧拉方程为

$$P'' - \frac{b(1 + \alpha b)}{\alpha h^2}P = -\frac{a + 2\alpha ab + \beta b}{2\alpha h^2}$$

这是一个二阶线性微分方程。其解为

$$P^*(t) = A_1 e^{r_1 t} + A_2 e^{r_2 t} + \bar{P}$$

其中，特征根 $r_{1,2} = \pm\sqrt{\frac{b(1+\alpha b)}{\alpha h^2}}$，特解 $\bar{P} = \frac{a + 2\alpha ab + \beta b}{2b(1+\alpha b)}$。利用边界条件，求得常数 A_1, A_2 为：

$$\begin{cases} A_1 = \dfrac{P_0 - \bar{P} - (P_T - \bar{P})e^{rT}}{1 - e^{2rT}} \\ A_2 = \dfrac{P_0 - \bar{P} - (P_T - \bar{P})e^{-rT}}{1 - e^{-2rT}} \end{cases}$$

其中，$r = \sqrt{\frac{b(1+\alpha b)}{\alpha h^2}}$

【例6】（泰勒通货膨胀与失业之间的折衷模型）

该模型是泰勒（Taylor）1989年的论文中提出的，以解决这样一个问题：众所周知，通货膨胀和失业都会造成社会的损失；当两者之间存在一个菲利普斯折衷时，在时间区间 $[0,T]$ 上通货膨胀与失业的何种最佳组合使得总的社会损失达到最小。假设一个理想经济包括收入水平 Y_f 和通货膨胀率0。实际收入 Y 对收入水平 Y_f 和通货膨胀率 p 对0的任何偏离都是对理想经济的一种破坏。设社会损失函数为

$$\lambda = (Y_f - Y)^2 + \alpha p^2, (\alpha > 0)$$

其中，α：表示通货膨胀率 p 对0的偏离以 α 的权重进入社会损失函数。收入 Y 和通货膨胀率 p 的偏离的权重比率是 $1 : \alpha$；

$(Y_f - Y)$：表示当前国民收入 Y 和它充分就业收入水平 Y_f 之间的缺口。

$(Y_f - Y)$ 和 p 之间的预期增大菲利普斯折衷，可表示为

$$p = -\beta(Y_f - Y) + \pi, (\beta > 0)$$

其中，π：表示预期通货膨胀率。

假设通货膨胀预期的形成是自适应的。

$$\pi' \equiv \frac{d\pi}{dt} = j(p - \pi), (0 < j \leqslant 1)$$

若实际通货膨胀率 p 超过预期通货膨胀率 π（即 π 被低估了），则 $\pi' > 0$ 且 π 将被向上修正；若实际通货膨胀率 p 低于预期通货膨胀率 π（即 π 被高估了），则 $\pi' < 0$ 且 π 将被向下修正。

由上面三个式子整理得完全用预期通货膨胀率 π 和 π' 表示的损失函数 $\lambda(\pi, \pi')$ 为：

$$\lambda(\pi, \pi') = \left(\frac{\pi'}{\beta j}\right)^2 + \alpha\left(\frac{\pi'}{j} + \pi\right)^2$$

问题是：在已知初始条件（即当前）$\pi(0) = \pi_0, (\pi_0 > 0)$ 和终结条件（即政策目标）$\pi(T) = 0$ 下，寻找预期通货膨胀率 π 的最优路径，使得在时间区间 $[0,T]$ 上总的社会

损失达到最小。(为了体现当前重于未来,可以利用一个正的折现率 ρ 将损失函数 $\lambda(\pi,\pi')$ 折成现值 $\lambda(\pi,\pi')e^{-\rho t}$)。

解:依题意,政策制定的目标是最小化泛函

$$V[\pi] = \int_0^T \lambda(\pi,\pi')e^{-\rho t}\mathrm{d}t$$

满足边界条件 $\begin{cases}\pi(0) = \pi_0 \\ \pi(T) = 0\end{cases}$。由损失函数 $\lambda(\pi,\pi')$ 和被积函数 $F \equiv \lambda(\pi,\pi')e^{-\rho t}$ 有

$$F_\pi \equiv \frac{\partial F}{\partial \pi} = 2\left(\frac{\alpha}{j}\pi' + \alpha\pi\right)e^{-\rho t}$$

$$F_{\pi'} \equiv \frac{\partial F}{\partial \pi'} = 2\left(\frac{1+\alpha\beta^2}{\beta^2 j^2}\pi' + \frac{\alpha}{j}\pi\right)e^{-\rho t}$$

$$F_{\pi\pi'} \equiv \frac{\partial F_\pi}{\partial \pi'} = \frac{2\alpha}{j}e^{-\rho t}$$

$$F_{\pi'\pi'} \equiv \frac{\partial F_\pi{}'}{\partial \pi'} = 2\,\frac{1+\alpha\beta^2}{\beta^2 j^2}e^{-\rho t}$$

$$F_{t\pi'} = -2\rho\left(\frac{1+\alpha\beta^2}{\beta^2 j^2}\pi' + \frac{\alpha}{j}\pi\right)e^{-\rho t}$$

于是,欧拉方程为

$$\pi'' - \rho\pi' - \Omega\pi = 0$$

其中,$\Omega \equiv \frac{\alpha\beta^2 j(\rho + j)}{1+\alpha\beta^2} > 0$。这是一个二阶齐次微分方程,其解为

$$\pi^*(t) = A_1 e^{r_1 t} + A_2 e^{r_2 t}$$

其中,$r_1, r_2 = \frac{1}{2}(\rho \pm \sqrt{\rho^2 + 4\Omega})$。利用边界条件,可以求出常数 A_1, A_2,即

$$\begin{cases}A_1 + A_2 = \pi_0 \\ A_1 e^{r_1 T} + A_2 e^{r_2 T} = 0\end{cases}$$

解得

$$\begin{cases}A_1 = \dfrac{-\pi_0 e^{r_2 T}}{e^{r_1 T} - e^{r_2 T}} \\[2ex] A_2 = \dfrac{\pi_0 e^{r_1 T}}{e^{r_1 T} - e^{r_2 T}}\end{cases}$$

二、最优控制理论简介

变分法问题的进一步研究导致了更加现代的最优控制理论的发展。在最优控制理论中,动态最优化问题被视为由三种类型的变量所组成:时间变量 t、状态变量 $y(t)$,还加一个控制变量 $u(t)$。

最优控制基本问题如下:

最大化或最小化目标泛函:

$$V[u] = \int_0^T F[t, y(t), u(t)]\mathrm{d}t$$

满足状态方程 $y'(t) = f[t, y(t), u(t)]$，

初始条件为

$$\begin{cases} y(0) = A \\ y(T) = Z \end{cases}$$

其中 A, T, Z 给定。

在最优控制理论中最重要的发展是最大值原理。这个原理是苏联数学家庞特里亚金等取得。

三、动态规划简介

动态规划是研究决策过程最优化的一种理论和方法，是解决多阶段决策过程最优化的一种数学方法。动态规划由美国数学家贝尔曼(Bellman) 在 1957 年开创。该方法的突出特点在于：一是它把给定的控制问题嵌入一簇控制问题中，使得在求解过程中，实质是求解了整簇的控制问题；二是对这簇控制问题，集中在泛函的最优值上，而不是最优状态路径或者最优控制路径。

根据多阶段决策过程的时间参量是离散或连续，动态规划过程可分为离散决策过程和连续决策过程。

根据决策过程的确定性或随机性，动态规划过程可分为确定性决策过程和随机性决策过程。

【例 7】(背包问题)

一登山队员在出发之前做登山准备，他需要携带的物品有：食品、氧气、冰镐、绳索、帐篷、照相机和通信设备。每种物品的重要性系数和重量数据如表6－6所示。假定登山队员可携带的最大重量为 25 千克。

表 6－6　　登山背包物品表

序号	1	2	3	4	5	6	7
物品	食品	氧气	冰镐	绳索	帐篷	照相机	通信设备
重量(千克)	5	5	2	6	12	2	4
重要性系数	20	15	18	14	8	4	10

解：若令 $x_i = \begin{cases} 1, & \text{表示登山队员携带物品 } i \\ 0, & \text{表示登山队员不带物品 } i \end{cases}$，则模型为

$$\max z = 20x_1 + 15x_2 + 18x_3 + 14x_4 + 8x_5 + 4x_6 + 10x_7$$

$$s.t. \begin{cases} 5x_1 + 5x_2 + 2x_3 + 6x_4 + 12x_5 + 2x_6 + 4x_7 \leqslant 25 \\ x_i = 0 \text{ 或 } 1, (i = 1, 2, \cdots, 7) \end{cases}$$

参考文献

[1] 蒋中一．数理经济学的基本方法 [M]．北京：商务印书馆，2004.

[2] 蒋中一．动态最优化基础 [M]．北京：商务印书馆，2003.

[3] 刘树林．数理经济学 [M]．北京：科学出版社，2008.

[4] 高山晟．数理经济学 [M]．2 版．北京：中国人民大学出版社，2009.

[5] 高山晟．经济学中的分析方法 [M]．北京：中国人民大学出版社，2002.

[6] 张金水．数理经济学 [M]．北京：清华大学出版社，2006.

[7] 艾伦．数理经济学 [M]．北京：商务印书馆，2005.

[8] 黎诣远．西方经济学 [M]．2 版．北京：高等教育出版社，2009.

[9] 陈锡康，杨翠红．投入产出技术 [M]．北京：科学出版社，2011.

[10] 史树中．金融学中的数学 [M]．北京：高等教育出版社，2008.

[11] 徐玖平，胡知能，王绫．运筹学 [M]．3 版．北京：科学出版社，2007.

[12] 阿罗，英特里盖特．数理经济学手册 [M]．北京：经济科学出版社，2003.

[13] 保罗·萨缪尔森．经济分析基础 [M]．大连：东北财经大学出版社，2006.

[14] 谢胜智．数理经济学 [M]．成都：西南财经大学出版社，2004.

[15] 伍超标．数理经济学导论 [M]．北京：中国统计出版社，2002.

[16] 希克斯．价值与资本 [M]．北京：商务印书馆，2010.

[17] 奥古斯丹·古诺．财富理论的数学原理的研究 [M]．北京：商务印书馆，2002.

[18] 戈森．人类交换规律与人类行为准则的发展 [M]．北京：商务印书馆，2005.

[19] 史树中．数学与经济 [M]．大连：大连理工大学出版社，2008.

[20] 马歇尔．经济学原理（上下）[M]．北京：商务印书馆，2005.

[21] 约瑟夫·熊彼特．经济分析史（一、二、三卷） [M]．北京：商务印书馆，2005.

[22] 张培刚．微观经济学的产生和发展 [M]．长沙：湖南人民出版社，1999.

[23] 菲赫金哥尔茨．微积分学教程 [M]．8 版．北京：高等教育出版社，2010.

[24] 丘维声．高等代数 [M]．北京：高等教育出版社，1996.

[25] 克莱因．古今数学思想（1—4 册） [M]．上海：上海科学技术出版社，1984.

[26] 波耶．微积分概念史 [M]．上海：上海人民出版社，1977.

[27] 吴文俊．世界著名数学家传记（上、下册）[M]．北京：科学出版社，2003.

[28] 胡作玄. 近代数学史 [M]. 济南：山东教育出版社，2006.

[29] 李晓奇. 先驱者的足迹 [M]. 沈阳：东北大学出版社，2004.

[30] 德布鲁. 价值理论及数理经济学的 20 篇论文 [M]. 北京：首都经济贸易大学出版社，2002.

[31] 李勇. 微积分基本思想 [M]. 成都：西南财经大学出版社，2013.

[32] 李勇. 代数学基本思想 [M]. 成都：西南财经大学出版社，2013.

[33] 李勇. 统计学基本思想 [M]. 北京：经济科学出版社，2012.

[34] 李勇. 现代金融统计分析 [M]. 成都：西南财经大学出版社，2012.

[35] 刘向晖. 数理经济学史研究 [D]. 西安：西北大学，2001.

[36] 范里安. 微观经济学 [M]. 上海：上海人民出版社，1994.